学校力が向上する 遠隔合同授業

徳之島町から学ぶ へき地・離島教育の魅力

北海道教育大学へき地・小規模校教育研究センター 監修

福 宏人　前田 賢次　川前 あゆみ　玉井 康之 編

教育出版

はじめに
－へき地・離島の遠隔合同授業の可能性と発展条件－

北海道教育大学へき地・小規模校教育研究センター
センター長　玉井 康之

　本書は、鹿児島県徳之島町の実践を基にして、へき地・離島の遠隔合同授業が継続的に発展する条件を総合的にとらえるものである。また遠隔合同授業が子供の成長と教師力の向上を含めた総体としての“学校力”の向上に繋がっていることをとらえるものである。

　へき地・離島の学校ではすでに学校統廃合も難しく、必然的に少子化の中で漸次小規模校化していく学校も少なくない。このような極小規模校では、へき地・離島の良さを活かしつつ、幅広い交流活動を推進していくことも課題となる。すでに遠隔双方向システムの急速な発展によって、距離・空間・時間を超えて、様々な学校間・地域間のオンライン交流もできるようになった。

　一方遠隔合同授業は、単に遠隔双方向システムを活用した単発的な行事の発表会やゲストティチャー招聘等の活用だけでなく、日常的な学校間の合同授業であるため、学校間・教師間の様々な調整と共通化が不可欠となる。また遠隔双方向の授業では、身近に教師がいない場合には、子供の集中力を維持したり、個々の子供の思考過程に沿った見取りと指導が難しくなる。そのため、多くの自治体・学校では、プロジェクトが終了したり担当教師が転勤すると継続しなくなるケースも生じている。このような中で徳之島町では、遠隔合同授業が継続的に実践されており、へき地・離島教育の新たな可能性を広げる全国の先駆的なモデルとなっている。

　徳之島町の遠隔合同授業では、へき地・小規模校どうしで、複式授業を相互に交換し、自校の学級と他校の学級を相互に学年を分けて担当しながら、同学年の交流と協働的な学び合いを行っている。この中で、子供どうしは、他校の

子供とも日常的な意見交換をしながら多面的視点と表現を通じて学び合っている。これにより子供は、授業の中で、多面的視点で意見交流をすることが楽しく、協働的な関係の中で学習活動への意欲を高めている。また授業内外において子供が日常的に様々な意見交流をすることによって、社会性やコミュニケーション力を高めている。へき地・小規模校では少人数であるために、元々個々の子供に個別最適な学びを施しているが、さらに学校間の子供同士の協働的な学びを付加している。このような子供の成長を間近にとらえられることで、教師も遠隔合同授業の教育効果と必要性を感じていった。

遠隔合同授業はまた教師間の授業交流でもあるために、教師どうしはお互いの授業を見せ合いながら改善し、その中でより良いものを共有している。その過程では、遠隔合同授業を通じた学び合いが教師の多様な実践方法を広げ、総体としての教師力を高めていた。この学び合いがチーム学校の協働性を高めるとともに、教師にとっての事実上の研修活動となっている。教師間の互見授業と学び合いによる教師力の向上が、さらに研修の必要性の意識を高めている。

学び合いの内容は、複式授業や遠隔合同授業の方法だけでなく、課題設定・発問・板書・説明・グループワーク・まとめなどあらゆる授業実践・学級経営等の教育実践全般に及んでおり、それらを共有することで集団的な教師力となっている。この遠隔合同授業による教師力の向上は、教師自身の有用感や達成感にも繋がっており、さらに遠隔合同授業を推進する動機を高めていく。

学び合いによる子供の成長と教師力の向上は、教師集団の相乗的な集団凝集効果を生み、交流し合うことで創造的な発展を繰り返している。子供と教師、及び教師集団の相乗的な効果が総体としての"学校力"の向上となっている。すなわち"学校力"は、個々の教師の単純な総和ではなく、協働的な学び合いがチーム学校を創り、チーム学校を媒介にして学び続ける教師を生み出す循環の中で、新たな教育効果を生み出す学校の力である。徳之島町の遠隔合同授業は、チーム学校の学び合いと協働性が"学校力"を生み出している。

遠隔合同授業は、最新の遠隔システムを利用しているため、一見へき地・小規模校教育の指導方法と対極に位置するように見えるが、実はへき地・小規模校教育の利点を伸ばすことによって、遠隔合同授業も発展していた。複式授業では、間接指導の自律型学習、ガイド学習・リーダー学習、異年齢集団の教え合い、思考過程に沿った個別支援、信頼関係を基盤にした協働活動、ペア学習とバズセッションを中心とした全員参加型授業などを特徴としており、これらの自律的で協働的な学習規範が、子供たちの自律的で協働的な遠隔合同授業の基盤となっている。そのため、徳之島町では、このへき地・小規模校教育の良さを意識的に伸ばすようにしている。

　へき地・離島の遠隔合同授業はある意味では、極小規模校であるために、個々の顔が見える信頼関係や協働的な関係を基盤にしており、少人数の子供数であるために、効果的に展開できる。逆に大人数の学級においては、関係希薄性・非統率性などの影響により、必ずしも効果的に授業運営ができるわけではないこともとらえておかなければならない。

　このような遠隔合同授業の様々な実践開発を進めて来た徳之島町でも教師の転勤による入れ替わりで、いったんは遠隔合同授業の継続に支障を来す場合もある。しかし、徳之島町では、極小規模校の学校間で研修事務局を持ち回りで担い、新たな転入教師も含めて継続のための集団的な研修活動を位置づけている。毎回の遠隔合同授業の実践交流の中でとらえられる実践方法を開発・省察するとともに、さらに個々の教師の課題意識を共有する合同研修課題を設定し、個別課題と学校課題が結びつくような研修活動を進めている。

　このような研修内容の理念と方法を踏まえて、学校間の合同的な研修活動を組織している。研修事務局は持ち回りで担うために、どこかの学校の研修担当者が異動しても、別の学校が呼びかけて研修を合同で組織することができる。年間4回の学校間合同研修会、学校内の校内研修会、個々の試行錯誤の研修が、相互に結び付きながら教師力や"学校力"を向上させている。

これらの遠隔合同授業を推進するための基盤づくりとしては、やはり徳之島町の教育委員会の役割は大きい。遠隔合同授業は、学校間の交流であるため、異なる方法を超えた学校間の実践の共有と調整が不可欠で、教育委員会が音頭を取り、双方の良さを共有化・統一化していくことが遠隔合同授業の発展条件として重要になる。また教育委員会が子供の学び合いによる協働性や社会性の教育効果を確信をもって推進していくことが、学校にとっても子供の発達のために実施しているという役割貢献度感や達成感も高まっていく。

　このように徳之島町では遠隔合同授業によるチーム学校の学び合いが"学校力"を向上させていた。すなわち、子供どうしの学び合い・教師どうしの学び合い・子供と教師の学び合いは遠隔合同授業を契機として推進されており、自分たちの成長感がさらに学び続ける教師の動機づけとなっている。遠隔合同授業の発展条件は、まさに学び合いによるチーム学校の協働性であると言える。本書では、とりわけ遠隔合同授業が教師力や"学校力"の向上に繋がっていること、また教師力や"学校力"の向上が研修の必要意識に繋がっていること、そしてそれらの成果が子供の発達に繋がっていることが、継続的な遠隔合同授業の発展条件となっていることをとらえている。

　全国的な小規模校化の中で、学校統廃合を進めることができない地域も拡大している。学校統廃合を進めることでコミュニティの機能も衰退し、学校教育への支援も困難になった地域も多い。本書を通じて、遠隔合同授業による極小規模校の子供の教育効果と学校の活性化の方向性を指し示すことで、全国のへき地・小規模校の新たな可能性を広げていくための問題提起をしていきたい。

目　　次

序章

遠隔合同授業の理念と学校力の発展条件

北海道教育大学へき地・小規模校教育研究センター センター長　玉井 康之

1　子供の減少・過疎化とへき地・小規模校の「学校力」向上の課題

(1)　少子化・過疎化と小規模校存続の課題

　日本は超少子高齢社会で、子供の数は 1981 年以降減少し続けている。また 2005 年からは総人口減少社会に移行した。地方ではさらに人口減少・過疎化が進み、学校統廃合によって一定の学校規模や学校教育環境を維持してきた。しかし、地方では通学区域の長距離化や地域衰退を一層招くために、これ以上の学校統廃合は困難な地域も増えている。学校統廃合により学校区が拡大すると、学校も地域の協力を得にくくなり、学校教育活動も発展できなくなる。広大な北海道や離島の多い鹿児島県等は学校統廃合が困難な地域が増えている。

　このような中にあって、文部科学省「公立小学校・中学校の適正規模・適正配置等に関する手引」(2015 年)(注1)では、学校統廃合の方法を提示しつつも、一方で「4 章　小規模校を存続させる場合の教育の充実」を提起し、小規模校のメリットを最大化し、デメリットを緩和する方向性を提起した。また都道府県教育委員会に対しては、「統合困難な小規模校への支援の充実」を要請している。

　一方小規模校を存続させる場合においても、現行学校制度では、学校規模が縮小すると教職員数も縮小し、学校行事やカリキュラム等の学校運営は大規模校とは異なってくる。へき地・小規模校では複式学級も多く、その学級運営・授業運営方法や子供との関わり方も異なってくる。複式指導方法や少人数学級運営方法も確立された方法として発展しているが、その複式・少人数指導自体の経験がまったくない教師も少なくない。またへき地・小規模校ほど研修センターがある市街地から遠く、学校の教職員数も少ないため、学校を離れて研修会に参加することが難しくなる。研修の低減は学校全体の教育活動を発展させる障害となる。このような中では、へき地・小規模校においても学校全体の教育力が下がらないように、教職員の学び合い・研修の機会を作り、それを通じ

て新しい学校の取り組みを拡大する学校全体の教育力の発展が課題となる。

(2) へき地・小規模校の協働性を活かした教育活動の発展と「学校力」向上
　の課題

　2005年の中央教育審議会答申「新しい時代の義務教育を創造する」(注2) で
は、初めて「学校力」の言葉が用いられた。総論で、「学校の教育力、すなわ
ち『学校力』を強化し、『教師力』を強化し、それを通じて、子供たちの『人
間力』を豊かに育てることが改革の目標である」とした。ただこの答申では「学
校力」の明確な定義はなされていないが、"総体としての学校の教育力"が重
要であることは言うまでもない。

　子供の教育活動や資質・能力を発展させるためには、あらゆる学校全体の教
育力の総合的・相互補完的な発展が重要な条件となる。すなわち個々の教師の
力が別々に発揮されるのではなく、相互補完的・協働的に作用し、子供の成長
と学校全体の教育力が相乗的に発展していることが重要である。「学校力」は
単に個々の教師力の総和としてとらえるというよりも、教師の協働的な関係の
中で、教師の教育力も伸び、また学校全体の教育力も相乗的に発展することを
「学校力」の向上としてとらえることが重要であろう。一方学校全体の教育力
が向上するためにも、個々の教職員自身も補完的・協働的な関係の中で新しい
力を取り入れて成長しようと務めることと一対でなければならない。

　浜田博文氏は、「学校を変える新しい力」には、「教師のエンパワーメント」
と「スクールリーダーシップ」が必要であるとした (注3)。教師が学校環境自
体を新たに変えていき、またそのために教師自身が自律的に学び続け、総合的
な指導力を高められるようなエンパワーメントが不可欠の条件である。この場
合のエンパワーメントは、教師の指導力の到達度というよりは、置かれた状況
や経験・年齢に応じて学び成長し続けるプロセス自体が重要である。へき地・
小規模校では、複式学級も初めて取り組む教師も多く、また若手教師も多いた
め、学校・教師の状況に応じて発展し続けていることが重要である。

　学校全体の教育力が発展するエンパワーメントを高めるためには、教師が孤
立的に活動するのではなく、教師のチームとしての協働的な関係や学び合いが

不可欠となる。これらの関係があって、子供への教育力全体も発展していく。すなわちチーム学校を担う教師の協働性が教師や子供の成長にとって不可欠である。へき地・小規模校では元々教師も子供も少人数であるため、教師間の連携も取りやすく、子供の指導も学級担任を超えて、全教師で全子供を指導するという雰囲気がある。また教師と子供の関係も密接であるため、総合的な教育活動を施しやすく、学級経営・学習指導・地域教育等の多面的な側面をトータルにとらえながら、個々の子供に合った指導を教師集団で共有しやすい。さらに教員数が少ないために、学校行事・地域行事や地域社会活動を含めて、様々な教師の技能を相互に補完し合いながら、協働的に学校運営を進めていくために、分掌業務も縦割りではなく協働的に進めていくことになる。

　このようにへき地・小規模校では、元々協働的な運営を進めるチーム学校の雰囲気は高く、新しい教育活動を採り入れる際に機動力を発揮できるが、一方少人数であるために、馴れ合いになって、新しい教育活動を取り入れることができなくなる可能性もある。そのため教師が協働的に学び続けたり、新しい教育活動を採り入れていく意識と集団体制を整えておく必要がある。その場合には、少人数の教師間の協働性を高めると共に、様々な学校外との交流や協働的な関係が重要になる。すなわち「学校力」の向上と学校内の協働性は不可分の関係であり、それを支えるためにも学校間の協働性や教職員交流も不可欠である。

　以上のような観点から本書では、とりわけ協働的な「学校力」を重視している。「学校力」は本書では、「子供の学ぶ意欲と総合的な成長を目指して、個々の教師が置かれた環境と到達点を踏まえて様々な教育的な取り組みを施すと共に、それらが相互補完的・協働的に高まり合うことによって、学校全体の教育力を相乗的に高めていく力」と定義したい。

　「学校力」の向上は、どこの学校も重要な課題であるが、本書では、へき地・小規模校の協働性を活かしながら、さらに遠隔合同授業を通じて、学校全体の総合的な「学校力」がいっそう高まる要因と条件をとらえていきたい。本書の事例としては、遠隔合同授業を最も早く取り入れ、現在も継続的に発展させてきた鹿児島県徳之島町の遠隔合同授業の実践を取りあげたい。

2　ICT を活用した遠隔合同授業の可能性とへき地・離島教育の発展条件

(1)「遠隔授業」と「遠隔合同授業」の区別と遠隔性・小規模性克服の可能性

　へき地・小規模校は、市街地から離れた遠隔地域に位置するため、日常的に他校の子供間や他校教員・研修センターと連携することが難しい。これまでへき地・小規模校では、学校間で直接集まる集合学習や交流学習も取り組んできたが、移動手段・時間の制約があり、毎日の授業・生活指導等での交流を進めることは容易ではなかった。

　このような中で、近年の急速な ICT・遠隔教育システム等の技術的進歩は、遠隔地域間の子供・教師の交流を容易にしつつある。遠隔教育システムは、空間・距離・時間を超えて、交流したり同一活動を同時に進めることが可能となってきた。遠隔教育システムは、他校との交流や遠くの博物館・科学館・史料館・図書館等の専門施設との交流も可能となる。教員研修も遠方の研修センターに行かなくても、オンライン・オンデマンド研修や遠隔交流も可能となる。

　元々へき地・小規模校では、地域性・小規模性を生かして自律的学習・個に応じた指導や地域全体を活かした体験的・探究的な独自の新しい教育活動も行っているが、逆に遠隔性・小規模性があるがゆえに、教育活動に制約を伴わざるを得ない側面もある。遠隔教育システムの出現とその活用方法の開発は、へき地・小規模校の遠隔性・小規模性を乗り越える可能性を有していると言える。

　文部科学省は、2015 年から 2017 年度までの「人口減少社会における ICT の活用による教育の質の維持向上に係る実証事業」を元に、「遠隔学習導入ガイドブック」(2018 年)(注4) を発行した。このガイドブックでは、へき地・小規模校等の課題として多様な意見に触れる機会が少なく、コミュニケーション力・社会性を養う機会が少ない現状に対して、「遠隔合同授業」がその解決を図る可能性を有していると提起している。また「遠隔授業」と「遠隔合同授業」を区別しており、「遠隔授業では離れた学校同士での交流を主な活動」とするが、「遠隔合同授業は同じ地域内にある近隣の学校同士を繋いで授業を受ける児童生徒数を確保し、小規模校や少人数学級のデメリットを緩和・解消することを主たる目的としている」と定義している。

　むろんへき地・小規模校では、子供の数が少ないながらも、全員発言・公開

発表・コミュニケーション・交流の機会を意識的に設定したり、TPO をわき
まえた学級活動・学習活動を進めている。そのため、すべての子供が社会的活
動やリーダー的役割を担う経験は、むしろ市街地よりも多い傾向もある。この
ようなへき地校の取り組みに加えて、さらに日常的な直接交流を超えた遠隔地
域の子供どうしの ICT を活用した交流が増えれば、信頼関係を基盤にした社
会的な交流を拡大していくことができる。この場合のへき地・小規模校間の
交流は、身近な直接的交流の多さと信頼関係の強さを前提にしているがために、
遠隔地域との交流が人間関係の希薄性を高めることにはならない。

　またへき地・小規模校の教員数の少なさは、協働的な関係を高め易く、一旦
新しい教育活動にまとまればチーム学校の機動力を発揮しやすい。その一方で、
学校外からの情報が入りにくければ、教師同士も馴れ合い的になり指導方法も
固定化しやすくなる。そのため、学校内にいても他の教師の方法や学校外から
の情報入手など、多様な指導方法を交流し取り入れていくことが重要になる。

(2) 遠隔合同授業を契機とした子供間交流・教職員交流の拡大の可能性

　近年の ICT・遠隔教育システムの発展は、教員間のオンライン・オンデマ
ンド研修もより実施しやすくなり、へき地・離島にいても、研修講座等の情報
を入手しやすくなった。また学校間の情報交換を行えば、より身近な教師間で
細かい教育指導技術等を交流できるようになった。すなわち研修の在り方とし
て、著名人等から研修を受けるという研修形態だけでなく、教師間で行う様々
な授業実践の交流や互見授業等がそのまま研修として位置づけられることにな
る。このようにへき地校においても、空間・距離・時間を超えて、研修活動を
進める可能性が広がったと言える。

　「遠隔学習導入ガイドブック」をさらに発展させた文部科学省「遠隔教育シ
ステム活用ガイドブック」(2019 年) (注5) では、「遠隔教育の分類」を「A 多
様な人々との繋がりを実現する教育」、「B 教科等の学びを深める遠隔教育」、「C
個々の児童生徒の状況に応じた遠隔教育」の3つに分類した。「A」の遠隔教
育の中に「遠隔交流学習」と「遠隔合同授業」がある。「B」の遠隔教育の中には、
専門家との連携や免許外教科担任の支援が例示されている。「C」の遠隔教育

の中には、様々な困難を持つ子供を含めた個々の子供支援が例示されている。

　これらの３つの遠隔教育は、とりわけへき地・小規模校であればどの類型も教育効果を高める可能性を有している。またへき地校は少人数で顔が見えやすく個々の思考過程も把握しやすいため、遠隔交流学習・遠隔合同授業等の多様な人々との交流も、個々の児童生徒の状況に応じた支援も行いやすい。少人数の遠隔教育は、画面越しであったとしても個々の表情も見えやすいため、信頼感や親近感を高めやすく、教育効果も高くなる可能性を有している。大規模校に比して小規模校では、遠隔教育の中でも相互に顔が見えやすい関係を媒介にして、遠隔教育の教育効果も必要性も高くなると言える。

　このように遠隔教育システムは、へき地・離島においても子供間・教師間の日常的な交流や授業交流を可能にし、そこに結果として日常的な学び合いが発生する。へき地・小規模校では、子供どうしも教師同士もまとまりやすく、率直な交流ができやすいが、この率直な交流を基盤にして、学校間を超えた学び合いが発展すれば、へき地・小規模校の課題を克服し、プラス面を発展させることができる。

3　ICT を活用した学校間連携への挑戦と遠隔合同授業の組織的・継続的な発展条件

（1）新しい遠隔合同授業への挑戦と教師の総合的な教育力の向上

　遠隔合同授業や遠隔交流学習は新しい可能性を有しているが、特定の ICT 活用教育に慣れた教員が他町村へ転勤すると、そのまま挑戦的・開発的な取り組みは継続しなくなる傾向も否めない。新たな活動は教員人事異動等で左右されるが、新たな活動を継続できる組織的・継続的な条件を作っていくことが重要になる。その場合 ICT 活用能力は、むろんこれからの教師の資質・能力の重要な構成要素であるが、教師の指導方法は ICT 等の特定技能だけでなく、学習指導力・学級経営力・生徒指導力・地域連携力・協働遂行力・校務分掌力など様々な資質・能力で構成されている。そのため、様々な資質・能力を組み合わせた総合的な教育アプローチが必要となる。したがって、特定の新しいスキル・方法を新たに導入しながらも、それを契機にして、トータルな教師の学

び合いや成長が継続していくことが、新しい取り組みの継続的な発展条件になると言える。

　またICTの活用を含めてどの新しい指導方法の導入も、その導入の時点で教師には新たに挑戦する負荷は生じるものである。しかし、新しい方法によって子供の成長を見ることができ、負荷を超える教育の達成感や有用感が見られれば、教師の徒労感・負担感は達成感や有用感に変わっていく。したがって、取り組みが継続するためには、子供に対する教師の取り組みの達成感や有用感が結果として生まれるように、子供の成長と成果をふり返り・研修等で相互に確認していくことが重要な発展条件となる。

　さらに言えば、教師自身も教育実践の成長者でもあるため、それらの取り組みを通じて、自分自身が教師としてスキル・資質・能力等がトータルに成長しているという自己成長感が不可欠である。教師自身の自己成長感があれば、新しい取り組みに関しても負担感を達成感に変えていくことができる。このような教師のエンパワーメントとその認識が重要な発展条件となる。

(2) 新たな取り組みとしての遠隔合同授業の組織的・継続的な発展条件

　個々の教師の達成感・有用感を高めることを学校全体として組織的・継続的に発展させていくことが重要になる。一般的に、学校が遠隔合同授業等の新たな教育実践に組織的・継続的に取り組むことができる発展条件は、次の5つであろう。

　第1に、教育行政や学校経営のリーダーが教育事業の意義を教職員に理解してもらうと共に、定着するまでは困難な問題に直面しつつも、率先してその課題を解決していくリーダーの先導的なファシリテーションやコーディネートが不可欠である。このような新しい事業への挑戦的なリーダーシップが組織的・継続的に発展する条件となる（注6）。

　第2に、遠隔合同授業の指導方法とへき地・小規模校教育の全般的な指導方法が相乗的に高まることが、遠隔合同授業の発展条件ともなる。大小の学校規模に合った指導方法は異なるが、小規模校ならではの教育活動・教育方法や学校運営を全体的に発展させながら、その中で遠隔教育等の新しい活動が位置づ

いていくことが不可欠である。へき地・小規模校の遠隔合同授業においても、へき地・小規模校教育の基本的な学習指導・学級経営方法等の教師の教育力が発展することで、小規模校に適応した遠隔合同授業の方法も発展していく。すなわちへき地・小規模校教育の遠隔合同授業は、基本的なへき地・小規模校の特色を活かした教育活動と並行して推進することで、小規模校の遠隔合同授業の効果も高まるととらえる必要がある（注7）。

　第3に、ICT・遠隔教育システムの操作が誰でも使いやすく、誰でもその活用力が向上していくことが組織的・継続的な発展条件である（注8）。誰でも活用するためには、会得が困難な技術ではなく、初心者でも使いやすいシステム環境の設定とその活用方法の解説等の普及が重要である。そして遠隔教育システムの導入により最終的には労力が軽減され、短時間で効率的に教育活動が展開できることが重要である。また転勤が多い教職員の場合は、転出後も後任の教師が活用できる普遍的なマニュアル等も整備していかなければならない。これらのシステム利用の普遍性が、教師が入れ替わっても組織的・継続的な発展条件となる。

　第4に、遠隔教育システムを活用した遠隔合同授業の基本的な授業展開・授業方法が相互に共有できることが重要である（注9）。基本的な授業展開や授業方法は共有化しておかなければ、他校との遠隔合同授業も成り立たなくなる。カリキュラム全体でどの教科・単元を抽出し、基本的な指導方法を共有化することは、最低限の遠隔合同授業の条件である。さらに、相互に新しい方法を開発・提案し、それらを試しながら新しい遠隔合同授業自体が改善されていく開発のプロセスが重要になる。このような開発のプロセスに教師が自由に関わることによって、子供の教育効果を媒介にした教師の新たな開発の必要感やモチベーションを高める条件になる。遠隔合同授業も、様々な実験的な取り組みをしながら、少しずつ改善されていくものであり、最初から完成形の授業方法があるわけではない。

　第5に、遠隔合同授業はそもそも個人的な取り組みではなく、相手校・教師間の協働的な取り組みであるため、それによって教師の学び合いやチーム学校としての協働性が高まることが継続の条件となる（注10）。どんな場合でも孤

立的に取り組むことは継続する条件や意欲を低下させる要素となる。一方、教師間の学び合いや相互支援・補完等の協働性があれば継続しやすい。とりわけ新しいことに取り組む時には、達成感よりも不安感の方が先に立つため、困難を回復させるレジリエンスを発揮しにくい。また協働的な取り組みで自分自身も振り返って成長していることが実感できた場合には、新しいことへの挑戦的な意欲も高まっていく。これらの遠隔合同授業での学校間・教師間の協働性は、結果として個々の教師の研修機会となり、教師の成長に繋がるという達成感と確信が不可欠である。

　これらのように遠隔合同授業の組織的・継続的な発展条件は、教師個々人の取り組みをさらに教職員間・学校間の協働性として発展させること、同時に子供どうしの学び合いを促進することで、子供の成長と教育効果および教師の資質・能力の向上を図ることができる。このような組織的・継続的な取り組みが、遠隔合同教育の発展条件となる。

4　徳之島町教育振興策の特徴と小規模校教育支援

(1)　徳之島町の歴史文化と行政の教育振興計画

　鹿児島県徳之島町は、鹿児島市から南西450キロに位置する人口約9800人（2023年）の離島で人口は減少傾向にある。徳之島は2021年に世界自然遺産に指定されており、絶滅危惧種アマミノクロウサギ等の希少生物や珊瑚礁・鉱物等の特有の自然生態系を有している（注11）。島の歴史は、西暦600年頃からの記録が残っており、伝統的な歴史・芸能・言語・行事・島唄等の文化が残っている（注12）。江戸時代は薩摩藩の管轄にあったが、歴史的に島独自の伝統文化を守ろうとする意識も高く、戦前は文化・教育活動にも力を入れている。戦後はトカラ列島・奄美群島は沖縄県と共に米軍統治になったが、奄美群島は1953年に日本に復帰し、「奄美群島振興開発事業」によって復興整備されてきた。このような歴史的に様々な統治下にあったことも、島の歴史・文化意識の誇りと、島以外の文化を取り入れる風土にも繋がっている。

　人口構成は、高卒後にいったん島を離れる人も少なくないため、20代から50代までは少なくなり、それ以上の世代は帰島によりまた増えている。基幹

産業は第一次産業の農畜産業で総生産額は34億円あるが、その中でもサトウキビ生産額が3割を占め、第二次産業の黒糖製糖業も機械化して基幹産業の1つとなり、加工製品移出を通じて第三次産業も展開している。この島の農業の第六次産業化（第一＋第二＋第三）も、住民の離島を低減させる条件になっている。

　地域振興施策と共に教育振興施策も、町総合行政の柱として位置づけている。「第6次徳之島町総合計画2022年」（注13）では、町政の3重点課題の1つに「教育環境の充実と子育て環境の充実」を掲げ、離島の重要課題として教育力の向上や教育格差の解消を柱としている。町の施策方針は、すべてSDGs開発目標の中に位置づけられ、自然環境保全・6次産業化・地域社会参加等を踏まえた持続可能な社会を目指している。また学校を支援する上でも重要となる各集落の地域コミュニティの形成とまちづくり活動を積極的に支援している。これらの地域振興の意識化は、学校を支える地域住民の意識をいっそう高めている。

（2）徳之島町の小規模学校の存続と教育振興策

　徳之島町内の2022年度の小学校8校は、手々小中学校（児童数7人）・山小中学校（児童数7人）・尾母小中学校（児童数7人）・母間小学校（児童数43人）・花徳小学校（児童数48人）・神之嶺小学校（児童数53人）・亀徳小学校（児童数129人）・亀津小学校（児童数369人）の8校あり、その中で複式学級を有する小規模小学校は、手々・山・尾母・母間・花徳の5校である。

　手々小中学校は1995年から島外の子供が入学する「ふるさと留学制度」を導入し留学生1人3.5万円の補助金を支援すると共に、2001年から小規模特認校制度を導入して学校の存続を図っている（注14）。2020年の小中学校再編委員会「学校再編に関する答申書」では、小・中学校は統廃合せず、遠隔合同授業等の遠隔教育の充実によって学校環境を支えていく方向性を明示している。小学校は地域住民のまとまりを作るアイデンティティでもあり、文化センター機能も有するために、学校の存続と地域の発展を両輪として位置づけている。

　ICTに関しては「最先端の学びの町」を掲げ、学校で活用する遠隔教育システム・ソフト・タブレット周辺機器・デジタル用教室環境等の充実化を施策

方針として掲げている。ふるさと納税が総額4億円あるので、その中から教育環境整備費を支出している。2021年には遠隔合同授業をやりやすくするために、全児童のヘッドセット・指向性マイク・集音マイク等を購入し、また学校の活用希望に基づいてロイロノート・スクールタクト等のソフト導入も100万円単位で予算化している。これらの機器・ソフトの充実化によって、子供のつぶやきや発言もいっそう拾いやすくなり、学校間においても、個に応じた遠隔合同授業を行いやすくなる基盤となる。

　ICT活用教育に加えてへき地教育の基本的な指導方法も重視し、少人数指導・複式指導・協働性・地域連携教育等の基本的な部分は発展させると共に、少人数を活かして個々の子供に応じた指導を重視することを指針としている。全授業が遠隔合同授業で行われているわけではないので、元々の自律的な「ガイド学習」「リーダー学習」「わたり・ずらし」、少人数の「協働学習活動」、地域に根ざした「体験学習」「地域探究学習」等のへき地教育に典型的な学習指導方法も重視している。これらのへき地教育の指導を基本にして発展させることで、遠隔合同授業においても、自律的な学びを発展させられるととらえている。ICT活用の方法と旧来の指導方法との折中方式は、バランスを考えて、各教科・単元で試行実施しながらより最適な方法を検討している。

　離島の子供の雰囲気は、元々地域の互助的な人間関係があり、学校にも協力的であるため、それらの協働性を学校内にも活かす地域学校運営を方針としている。この学校と地域の協働関係を発展させて2022年からは、全校でコミュニティスクールを導入し地域が学校を支援する学校地域協働活動をいっそう推進することとしている。同時に様々な地域住民との行事・総合的な学習等の交流を通じて、子供のコミュニケーション力・社会性・交渉力も育成しようとしている。子供たちにも教育課程とは別に集落の行事に積極的に参加することを奨励し、教師も地域住民と一体的に地域活動を担っている。離島の教師は5年間で転勤するが、地域が学校に継続的に関わり続けるようにすることで、学校も地域と連携しやすくなる。すなわち徳之島町の教育方針は、遠隔合同授業等による学校間連携と、集落の地域に根ざした教育活動との両輪を進める施策である。

総合的な学習等における地域リソースの活用では、自然・歴史・通史の『町史』を専門的な立場から刊行しているが、その中の教材化できるデジタル簡易版・集落マップを教師達が執筆し、全児童生徒に配布することで、地域教材の原資料として使いやすい教材を編集している。教育委員会では、学校への出前講座・青少年地域体験講座を提供し、各集落の地域先生が学校に関わり子供に指導できる活動を推進している。地域体験講座には、毎年200～300人の子供が参加している。

　へき地・離島では、しばしば社会性の育成が課題となるが、徳之島町では南蛮文化や占領軍政策の歴史もあり、海外や島外に目を向けて高校生海外派遣事業や中学生本州インターンシップ派遣事業を推進している。今後山小学校以外の各校の親子留学も増やして、島外の子供が島に入ることで都市文化を経験した多様な子供との交流や関係人口の拡大も進めている。

　離島では地域に塾がないため公設塾「学士村」を町役場が開設し、土曜日の9時から11時まで各校でオンライン型の学習指導を行っている。公設塾運営は役場が行い、170人の小中学生が通っている。また漢字検定・英語検定などは、町が一部補助をして、1000円で受験できるようにしている。これらにより学習活動の基礎・基本も定着できるように行政が支援している。

　これらの教育環境整備と行政支援を元にして、子供が地域住民に聞き取り活動・地域調べ学習・検索検証を行い、事実の体系化・普遍化の作業をしながら、個々の探究内容をまとめる取り組みを進めている。これにより地域に根ざした生活視点と科学的視点を結びつけた「社会に開かれた教育課程」を推進することとしている。また子供自身が「子供地域ガイド」になることを目指させているが、それによって島の地域の誇り・アイデンティティと地域担い手意識を高め、やがて長期的に徳之島町に戻って地域の担い手になれる意識を高めることを目指している。

5　徳之島町の遠隔合同授業の特性と組織的・継続的な遠隔合同授業の発展条件
（1）試行錯誤の挑戦と段階的改善による遠隔合同授業の発展条件
　徳之島町は2015年の文部科学省「人口減少社会におけるICTの活用による

教育の質の維持向上にかかる実証事業」(注15)に応募し採択された。当初遠隔合同授業実践は、管理職・教員の誰も経験したことがないため、「遠隔合同授業とは何か」の初歩的学習活動から開始した。初期の実践では、複式学級において、片方の学年の間接指導の導入部分を撮影した動画を流し、同時に他方の学年の直接指導を開始する複式同時開始方法も試している。

　この「複式同時開始方法を学級内だけでなく遠隔地域の複式学校間で行えば、遠隔合同授業方式も成り立つのではないか」という仮説が遠隔合同授業移行の発案の契機であった。また他校の複式学級どうしを1人で授業する複式遠隔合同授業も実践してみたが、やはり遠隔地域の複式学級どうしを繋いで1人で授業を進めることは、複式学級自体に慣れていない教師にとっては難しい実践であった。

　想定としては複式学級の学習指導に慣れているベテラン教師であれば、複式学級間の遠隔合同授業もできることが予想された。しかし、鹿児島県の教員人事異動は、全教員が必ず教職人生において一度はへき地・離島に短期間赴く制度であるため、はじめてへき地・小規模校に赴任する教員も多い。はじめて複式学級を指導する教員は、二学年の教材を担う複式学習指導と遠隔学習指導を同時に進める余裕がない場合が多い。

　このような中でまずは遠隔合同授業を媒介にして単式授業化した遠隔合同授業に取り組むことから始めるようになった。すなわち①担任教師ができるところから始めていくこと、②最初から型にはまった実践はないこと、③失敗したとしても様々な実験を試行錯誤しながら改善していくこと、④担当教師のアイデア・提案を大事にしながら進めていくこと、の確認が継続的に取り組める条件であった。

(2) 直接子供間の顔が見える信頼関係の構築と遠隔合同授業の発展条件

　徳之島町の当初の遠隔教育の試行実験では、かなり遠方地域の学校間で繋いで授業等を実施している。例えば雪国と南国の学校間交流、都会と農山漁村の学校間交流など、自然・生活・文化・歴史の違いを交流する遠方地域間交流は、内容的な目的性が明確である。このような内容を交流する場合には、顔が分か

らない遠隔地域の学校であっても、交流目的にそって遠隔交流は実施しやすい。また探究的な活動において、遠方の専門家・ゲストティーチャー等の講義や質疑応答を行う場合にも、学習内容の目的が明確であるため、学校間の距離や専門施設との距離は関係なく世界中で交流できる。

　一方、子供間で多面的な議論を伴う教科・単元の場合は、顔が見えない関係の中では子供間の率直で多面的な議論は発展しにくく、顔が見える関係が長期的な発展条件となる。徳之島町では、町内北部地域の近隣学校間で遠隔合同授業を実施したところ、子供どうしの日常的な交流関係もあって、授業内のつぶやきを含めて、率直で多面的な授業内交流は行いやすかった。子供の交流が行いやすい背景の１つは、幼稚園・保育所時代は市街地区で一緒だった子供も多く、また修学旅行・集団宿泊学習・プール学習も４校合同で行い、スポーツ少年団も合同チームで行っていることにもよる。子供どうしは遠隔合同授業を交流の契機としながら、日常的にも１か月に一度ぐらい、お互いの地区に自転車で遊びに行っている子供も少なくない。すでに子供どうしが直接的に会って交流できることが、遠隔合同授業においても親近感と意見交流を高める大きな条件となっている。

　徳之島町では、北部４校に加えて、さらに南部の極小規模校１校も遠隔合同授業に加えることになったが、同じ町内の子供同士でもあり、常時遠隔合同授業を行うことで、交流の違和感はなくなった。これらの教訓から見ると、一過性の交流ではなく、顔が見える信頼関係の構築が遠隔合同授業の発展条件となっている。

(3) 同規模校どうしの均等な時間配分と遠隔合同授業の発展条件

　学校規模・学級規模では、徳之島町でも規模が異なる学校間でも試行実践を行ってきたが、同規模校どうしの遠隔合同授業の交流が実施しやすいことも明らかとなった。それは対面式の目前の子供と遠隔の画面越しの子供の両方に声をかける場合や、協働的な活動を進める場合には、学校間でも均等な時間配分と役割を授業内で与えるために、同規模の学級間・学年間の方がバランスを取りながら遠隔合同授業を進めやすいからである。

学級規模が大き過ぎると目前の子供どうしで交流活動等ができるために、遠隔地域の学校と交流する必要性が低下してくる。そのため極小規模学級の方が、遠隔合同授業の必要性は高くなると言える。

　徳之島町の実施教員の経験からすると、各校8人以下程度であれば、画面の中の子供の顔が見えやすく、双方向で交流もしやすいという意見も多い。むろんこれらの指導人数も教師の経験によって、変動すると考えられるが、顔が見える極小規模校の方が、遠隔合同授業を進めやすいことは否定できない。この8人以下は、日本の学級制度では、2個学年16人で単式学級となるため、1学年8人以下は複式学級の最大値であるとも言える。このような複式学級編制規準以下の小規模学級であれば、遠隔合同授業の必要性も高く継続的に発展できると言える。

(4) 学校間の授業方法・教材の共有化と遠隔合同授業の発展条件

　遠隔合同授業は、学校内の教師間連携だけでなく、学校間の教師間連携であるため、学校間でもある程度教育活動の内容・方法を共有できることが遠隔合同授業の開始条件となる。まず遠隔合同授業のために、前提として学校間の校時表・授業時間割を統一的に設定しておく必要がある。その上で複式学級の場合は、一方の学年の授業は、他校の教師にすべて預けるために、他校の教師の授業展開方法も信頼して任せると共に、ある程度授業の進め方を統一しておかなければ、遠隔合同授業ではない学級内の複式授業を行うときに子供が混乱してしまう。

　徳之島町では、最初遠隔合同授業を開始するために、単元めあて・学級目標・発問法・板書法・まとめ等の授業展開方法をできるだけ共有するようにした。これにより、単元すべてを通じて遠隔合同授業を実施しなくても、部分的に遠隔合同授業をしたり、学校内で複式授業をしたりする部分を交互に入れ替えても、授業を継続的に展開できる。

　また各教師が自分で作成した教材やワークシートも共有フォルダーに入れて共同で活用することによって、各教師の工夫が学校間の全体の工夫となっていき、学校間の全体の授業方法が高度化していく。ある程度学校間の共有の授業

方法を採用することで、若い教師や複式学級が初めての教師も大きく戸惑うことなく、遠隔合同授業に入り易くなる。

　このように遠隔合同授業を進めるために、校時表や授業方法・教材等を学校間で共有しながら進めていくことで、組織的・継続的に遠隔合同授業を発展させる条件が整えられた。共有した方法を元にしながら、各教員が自分で考えたアイデアや情報をさらに積極的に提案するようになり、それらの交流の中でまたより良い方法を選択するという発展的な関係性ができてきた。また授業展開方法を共有することで、子供の授業理解度や学習意欲が高まる教育効果も見て取れることができ、教員の意識も、子供の成長に確信を持って遠隔合同授業を継続するように変化した。

(5) 教師間の学び合いと教師力向上による遠隔合同授業の発展条件

　相手校と交流する遠隔合同授業は、子供にとっての多面的な交流による学び合いと共に、実はそれを推進する教師にとっての学び合いになる。この教師間の学び合いのメリットも組織的・継続的な発展の条件となる。徳之島町では遠隔合同授業を開始してみると、ICTの活用方法に留まらず、授業展開方法そのものについて教師の関心が高まるようになった。なぜなら、へき地・小規模校では他の学校の授業を見に行く機会が限られるため、遠隔合同授業で他校の先生の授業を見て、相互にその良い方法を取り入れられることが大きなメリットになったからである。

　遠隔合同授業の授業交流の場合は、多数の教員が参観のみする公開研究会の授業とは異なり、少人数の教員で、自分も相手も相互に授業を見せ合うという関係である。そのため教師は最初は自分の授業が相手に見られることには抵抗感があったが、徐々に見られることに慣れてくると、相互に見られることを通じて自分の教師力の発展に活かせることに気づくようになる。協働で授業を見合える関係が、いっそう教師間の密接な連携活動を発展させる条件となっている。

　このように遠隔合同授業は、それ自体が互見授業のような教師の学び合いとなり、実質的な研修会となっている。この学び合いにより教師力が向上していくことが、教師の意識として遠隔合同授業の利点を意識させ、遠隔合同授業が

継続的に発展する条件となっている。すなわち遠隔合同授業ではこれにより相互の教師力が上がることを目指すこと、そのために相互に授業を見合うことを共通の理念として掲げることが重要な発展条件となる。

(6) 学校間の組織的協働体制と合同研修活動の定例化による遠隔合同授業の発展条件

教師の学び合いが仮に学校内だけで展開しているとしたら、中心的な役割を担っていた教師が転勤することで、学校の中での学び合いは停滞する可能性が高い。そのために、日常的な学び合いが継続するためにも、組織的な研修会を年間計画の中に位置づけて制度的に設定しておくことが重要になる。

また1校内の教員の大部分が入れ替わったとしても、他校の教員を含めて継承できる連携体制を組織しておけば、幹事校が他の学校に呼びかけながら、遠隔合同授業の運営体制や研修活動の事務局的な役割を担うことができる。徳之島町では、極小規模校である5校で遠隔合同授業の研修会事務局を持ち回りで運営しており、特定の学校の教員が入れ替わっても5校全体では事務局担当校が呼びかけて合同研修活動を毎年続けられるようにしている。新しいプロジェクトの場合は、学校内だけの研修体制では、継続も困難な場合もあったかもしれないが、5校の組織的協働体制を確立したことが、年間を通じて合同研修活動を継続できる組織的条件となっている。この組織的条件により、各教員は他校との連携関係を意識し、へき地校どうしの連携や教育活動の課題等の話し合いの必要性も認識するようになっている。

6　遠隔合同授業のステップ段階別類型化と難易度の検討

遠隔合同授業の形態は、小規模校どうしの関係の中でも複式・単式を含めた様々な形態と内容がある。徳之島町の初期段階では複式学級と複式学級を結んで遠隔合同授業を実施したが、複式授業の間接指導等に慣れていない教師にとっては、複式授業と遠隔合同授業を同時に進めることは難しい。そのため、徳之島町では遠隔合同授業形態をステップ段階別に類型化し（表0-1）、取り組みやすい形態から開始した。

最も取り組みやすいのは、作品発表・音楽発表・芸能発表や調べ学習発表等の単発的な学習成果発表の遠隔合同授業である。これらは送信側がある程度単独で発表内容を完結することができ、それに基づいて相互に交流することができる。徳之島町の「おはようネット」は常時学校間で繋ぐことによって、朝の会・帰りの会や学校行事・学級活動でも繋ぐことができる。異学年や全校集会での発表交流でも、内容的な評価を厳密に問うことがなければ、単式・複式の形態は問わず、学年も問わなくても交流できる。これを発展させて「ステップ1」になれば、同学年間の遠隔合同授業になり、発表内容に関しても、学年発達段階に応じた内容と感想・意見等の相互交流を行うことができる。

　「ステップ2」では、授業内での多様な意見交流やコミュニケーション力の向上を目的にして、学校間の遠隔合同授業で授業内交流を推進できる。その場合に2校以上の複式学級を、各校の教師が単学年をそれぞれ担当すれば、相互に単式授業に転換することができる。教師も単式授業の方が、同一単元内容に集中できるために、授業展開の見通しをもって指導しやすくなる。遠隔合同授業で取りあげる教科・単元は、多様な議論が必要になる教科・単元の場合や、解答よりもプロセスを重視する単元の場合であり、これらは一定の人数の中で意見交流することが重要になる。極小規模校では、複数名の意見交流の中で、共通点や差異点を確認することで、相対化・客観化する認識が広がっていく。

　「ステップ3」では、通常の遠隔合同授業の意義に加えて、単元内容によっては、さらに専門家や地域住民等をゲストティーチャーとして、遠隔システムで御願いすることもできる。これにより、子供が専門家とコミュニケーションをとる力を高め、深い教材内容と知見を元にしながら、学校を超えた子供間で意見交流をすることができる。これらの専門家等との交流は、特定教科・単元内容に沿って議論する場合には、同学年同士で単元内容と関連づけて議論できるし、異学年間でも共通に議論できる場合には、複数学年が同じ話題を共通に学ぶこともできる。

　「ステップ4」は、単式学級と複式学級が遠隔合同授業の中で同時並行的に進むために、遠隔システムで繋いだ場合には、授業展開としてはかなり難しさを伴う。例えば直接指導の目の前の子供が2人だけの複式であっても、他校の

どちらかの学年の子供を含めて発問・指示をしなければならない。しかし相手校が1人の場合には、その子を含めた授業をすることが全体的には子供にとって有効である。また、議論をあまり必要としない単元で、作業等を自律的に学習できる教科・単元の場合もこの方式で可能である。ただ、遠隔合同授業で参加型の授業を追求する場合は、見取りが難しくなるため、この方式の遠隔合同授業は実施しにくい。

「ステップ5」は、複式学級と複式学級であるため、かなり高度な形態である。現実的には複式授業の間接指導と遠隔授業方法の2つの方法を取り入れるために、相当慣れているベテラン教師でなければ対応できない。そのために、徳之島町でも実際にはこれらの形態の負担と教育効果を考えて、複式学級同士の遠隔合同授業は実施していない。

これらのように複式学級と単式学級の組み合わせによって、遠隔合同授業の形態が異なるが、いずれも徳之島町では極少人数学級の中で、子供間の意見交流やコミュニケーションの限界を克服することを目的としている。遠隔合同授業で教育効果が低下したり、教師の負担が一層増えるものについては、無理に遠隔合同授業形態の採用自体を目的とはしないことも確認している。単式授業にするなどのために遠隔合同授業を行う場合には、無理なく教師が進められることが継続的な発展の条件となる。

表0-1　徳之島町が想定した遠隔合同授業形態と内容

段階	遠隔合同授業タイプ	学習内容・活動内容
ステップ5	複式学級-複式学級	多様な意見等の交流 児童同士の交流
ステップ4	複式学級-単式学級	多様な意見等の交流 話し合いや議論
ステップ3	単式・複式学級不問 多地点（学校内外）	コミュニケーション力の育成 ゲストティーチャーとの交流
ステップ2	複式学級から 単式学級-単式学級	多様な意見等の交流 コミュニケーション力の育成
ステップ1	複式学級から 単式学級-単式学級	作品発表・音楽発表・芸能発表・音読発表・学習成果発表
おはようネット	単式・複式学級不問 多地点（学校内外）	作品発表・音楽発表・芸能発表・音読発表・学習成果発表

※徳之島町資料を元に筆者編集

7 遠隔合同授業の発展条件をとらえる本書の課題と構成

(1) 遠隔合同授業の発展条件と本書の課題

　以上見てきたように、改めて本書では、へき地・小規模校が遠隔合同授業を導入することによって、学校力全体が向上する要因と可能性を明らかにする。特に多くの学校では、特定のICT教育に長けた教師が転勤していなくなれば、遠隔合同授業も実施されなくなる傾向もある。一方で遠隔合同授業が継続的に取り組んでいる徳之島町のような自治体・学校もあり、この遠隔合同授業を発展する組織的・継続的な条件をとらえていきたい。本書の事例としては、2015年の早くから遠隔合同授業を導入し、現在も5校合同で組織的・継続的に推進している鹿児島県徳之島町の遠隔合同授業の実践を取りあげている。

　徳之島町では、元々のへき地・小規模校教育の協働性、自律的な間接指導方法、地域と連携した教育活動、等の利点を基盤にしながら、遠隔合同授業を導入することによって、子供どうしの学習協働が多面的な交流に発展し、結果として子供の学習意欲・社会性等の向上に繋がった。

　また教師間で交流することが、ICT活用や遠隔合同授業の方法に留まらず、双方が授業を見合うことで、教師間の学び合いに繋がり、総合的な教師力も向上していた。すなわち遠隔合同授業が事実上の互見授業研修となっていた。この互見研修授業を踏まえて定期的・組織的な学校間の合同研修活動のふり返りを定例化することで、より教師力や学校力が向上していた。

　このような徳之島町から抽出できる遠隔合同授業の発展条件と今後の可能性をとらえることで、今後多くのへき地・離島教育で、学校環境のプラス面を最大化し、課題を克服しながら学校力が向上する遠隔合同授業の発展条件と可能性をとらえていきたい。

(2) 本書の構成と各章の課題

　本書の構成と各章の課題は以下の内容で構成している。

　1章「最先端のICT遠隔合同授業の導入と徳之島町の挑戦」は、徳之島町の教育委員会・学校が中心となって遠隔合同授業を導入した経緯と導入に向けた課題の克服過程をとらえる。遠隔合同授業に限らず新しい萌芽的な取り組み

を挑戦的に導入する時には、基本的な方式が定着するまでは様々な学校や教師の実践的課題を克服しなければならない。そして教育委員会や学校管理職が新しい遠隔合同授業を支援する理念と体制をリードしながら、教師と行政関係者が一体となって試行実践を進めていくことが重要になる。このような教育委員会・管理職のファシリテーションの役割もとらえる。

　2章「へき地教育の基本特性を活かした遠隔合同授業と極小規模校の学校力向上」は、最先端のICTや遠隔合同授業を早くから導入している徳之島町では、同時にへき地・小規模校教育の理念と方法を基盤として発展させたことをとらえる。ICT・遠隔合同授業は、一見へき地・小規模校教育と対極にあるように見えるが、実はへき地・小規模校教育の理論と実践方法を基盤として強化しているために、遠隔合同授業も発展的に展開していることを明らかにする。すなわちへき地・小規模校では、個別指導と協働的な学び合い、自律的な間接学習指導、全員参加型学習、ガイド学習・リーダー学習、異学年集団学習、体験的学習活動、地域探究学習活動、自律的な学級運営等のへき地教育の発想を活かした授業展開を進めている。このようなへき地・小規模校教育の特性を活かすことによって、遠隔合同授業も展開する条件が高まることをとらえる。

　3章「最先端の教育『徳之島型モデル』のICT活用と環境整備」は、ICTの活用及び遠隔合同授業を行うための基本的なシステムと授業における多面的な活用方法をとらえる。遠隔合同授業システムも、誰もが活用できる方法で、教育効果が期待できる活用方法を普遍化することが重要である。多額のICTのハードシステムが不可欠であった段階から、アプリケーションソフトを組み合わせて応用することで、授業展開が効果的に展開できる条件と可能性が広がっている。またICTを使える人だけでなく、苦手な人も使えるようになるためには、教職員間の技術的な伝播とマニュアル化の研修と、その改訂が不可欠である。徳之島町では、様々な遠隔合同授業の試行錯誤の実践的開発の上に現在の遠隔合同授業の方法が生まれており、その到達点と今後の萌芽的な可能性をとらえる。

　4章「協働的な学びと個別最適化を目指した遠隔合同授業の実際」は、現代の課題ともなっている個別最適な学びと協働的な学びを統一的に展開した遠隔

合同授業の効果的な授業展開方法をとらえる。徳之島町の教師の指導は、全体として個々の子供の思考過程をとらえながら、遠隔合同授業による子供たちの学び合いを媒介にすることで、さらに子供たちの思考過程を広げている。この徳之島町の遠隔合同授業は、少人数指導と遠隔合同の学び合いを一体化して授業が展開しており、少人数の個別最適化と遠隔合同による協働的な学びを統一する指導理念と方法をとらえる。

5章「徳之島町の取り組みから学ぶ複式学級間の遠隔合同授業の理念と方略」は、遠隔合同授業を推進することで、複式授業の学習活動全体の発想を広げる理念と方策をとらえる。遠隔合同授業の展開過程では、双方に全体像が見える発問や板書による体系化した思考と、個々の子供のつぶやきをバランスよくとらえながら、子供どうしの学び合いを深めている。また学校間の子供の学び合いの中で、学校を超えた思考の広がりを授業実践過程の中に取り入れており、これらの授業展開の工夫が教育効果を生み出す要素となっていることをとらえる。

6章「遠隔合同授業を通じた教師の学び合いとチーム学校力の向上」は、遠隔合同授業が教師間の互見授業を通じた学び合いや実質的な教員研修になっていることをとらえる。この互見授業と学び合いにより、単に遠隔合同授業の指導方法だけでなく、個々の教師の総合的な教師力が高まることをとらえている。また教師力が高まることを教師が実感することで、負担感を超えてさらに研修を定例化して意識的に学び合う必要性を意識している。すなわち遠隔合同授業を通じた教師力の向上が、チーム学校の協働性も高めている。このような基盤としては、5校協働の合同研修会運営体制を構築し、より組織的・継続的な研修活動を可能にしたことも背景となっている。これらが総合的・相乗的に影響しながら、総体としての学校力の向上に繋がっている。この遠隔合同授業の互見授業と学び合いが、教師力と研修意識の向上に繋がり、これがまた遠隔合同授業の発展条件となっていることをとらえる。

補章「なぜ徳之島町では遠隔合同授業を継続できたのか」は、福教育長のナラティブなインタビューを基に、継続的に遠隔合同授業を取り組んで来た徳之島町の実践開発の経過を振り返ることで、遠隔合同授業が継続的に発展してき

た要因と到達点をとらえる。

　終章「へき地・離島における遠隔合同授業を活かした学び合いと学校力の発展条件」は、改めて遠隔合同授業が学び合いになり、この学び合いが教師力を高め、この教師力が相乗的に作用しながら総体としての学校力を高める条件になっていることをとらえる。極小規模校における遠隔合同授業は、へき地・小規模校の良さを基盤にして展開することにより発展しており、逆に遠隔合同授業を取り入れることでへき地・離島教育の魅力をさらに向上させていることをとらえる。

　全国的な少子化・過疎化によって、学校規模も縮小しつつあるが、学校統合もできない極小規模校では、遠隔合同授業を導入して、多面的な交流による教育効果と学校力を高めることが不可欠となる。遠隔合同授業は、全国的にはまだ萌芽的な実践であるが、徳之島町の発展の教訓を抽出することで、今後のへき地・離島の遠隔合同授業の可能性を指し示していきたい。

【注記】
注 1.　文部科学省「公立小学校・中学校の適正規模・適正配置等に関する手引」2015 年
注 2.　中央教育審議会答申「新しい時代の義務教育を創造する」2005 年
注 3.　浜田博文編著『学校を変える新しい力』小学館、2015 年
注 4.　文部科学省『遠隔学習導入ガイドブック』2018 年
注 5.　文部科学省『遠隔教育システム活用ガイドブック』2019 年
注 6.　福宏人「遠隔合同授業で児童同士の学びと交流を広げる『徳之島型モデルとは』」、教育調査研究所編『教育展望 2021 年 10 月号』教育調査研究所、2021 年
注 7.　川前あゆみ・玉井康之・二宮信一編著『豊かな心を育むへき地・小規模校教育 - 少子化時代の学校の可能性』学事出版、2019 年
注 8.　佐藤正範編著『オンライン授業ガイド』明治図書、2020 年
注 9.　前田賢次「へき地複式校間の ICT 活用による双方向遠隔合同授業の成果と課題」、北海道教育大学へき地・小規模向教育研究センター紀要『へき地教育研究 76 号』2021 年
注 10.　楜澤実・川前あゆみ編『自律的・協働的な学びを創る教師の役割』学事出版、2022 年
注 11.　徳之島町史編纂室編『徳之島町史自然編　恵の島』南方新社、2021 年
注 12.　徳之島町史編纂室編『徳之島町史民俗編　シマの記憶』南方新社、2022 年
注 13.　徳之島町「第六次徳之島町総合計画」2022 年
注 14.　山村留学については、川前あゆみ・玉井康之著『山村留学と子ども・学校・地域自然がもたらす生きる力の育成』高文堂出版社、2005 年、参照
注 15.　文部科学省「人口減少社会における ICT の活用による教育の質の維持向上に係る実証事業」の成果として「遠隔学習導入ガイドブック」が刊行された。

1 章

最先端の ICT 遠隔合同授業の導入と徳之島町の挑戦

鹿児島県徳之島町教育委員会教育長　福 宏人

1　はじめに

「校長先生、NHK WORLD ニュースで母間小学校の取り組みが世界へ発信されます。」
と取材をした担当記者からメールが入った。

Boma elementary school principal Hiroto Fuku also has a positive view. "It's a way to educate them while having them interact with more childen," he says "I think It's an opportunity to figure out a new form of education and a new future for our children"

NHK WORLD-JAPAN NEWS 2016 放送

「離島へき地の教育を変え、ワッキャシマ（徳之島）から新たな教育の可能性を発信できるかもしれない。この実践によりシマヌワレンキャ（島の子供たち）や町の未来を変えていく可能性へと繋がる。」

冒頭のこの思いは平成 24 年に校長として母間小に赴任した時の率直な感想であり、当時と変わることなく学校では熱心に遠隔合同授業に取り組む教員や子供たちの風景がある。

令和の時代に入り、GIGA スクール構想で全国全ての小中学校等で 1 人 1 台端末と Wi-Fi 環境が整備された。都市部のみでなく離島の徳之島でも整備を終えている。

特にコロナ禍の中で、学びの継続が叫ばれ無償で利用できる Zoom や Teams がその威力を発揮した。本町でも学校の臨時休業に対してすぐさまタブレットの持ち帰りによる家庭学習や、学校と家庭を結んだ遠隔授業を実施ができた。遠隔授業での経験やノウハウの蓄積が大いに役立った。これを起点にして ICT を活用した教育環境は劇的な変化を遂げた。

遠隔授業に取り組みはじめた頃のICT機器の整備の状況をふりかえると、まず児童１人１台端末の整備、次にテレビ会議システムの関連機器の設置、さらに、遠隔授業の心臓部となる３つの小学校を結ぶ専用回線を新たに設定した。しかし、実際の遠隔授業では、通信速度の遅れから、授業中に度々、映像がシャットダウンし、音声の中断や教員や児童の声の聞き取りにくさなど遠隔授業特有の課題にも直面した。当時町内にはICT教育の専門家もいなく、日常的に発生するトラブルにいわば素人同然の教員集団で解決し、地道に一歩ずつ遠隔授業のできる環境を構築した。遠隔授業の授業の場や学習形態も単式型や教室型・多目的室型等パターンを幾通りも実証してその効果の検証を重ねた。

　特に「徳之島型モデル」と名付けた複式学級を双方向で結ぶ遠隔授業は、授業展開に指導技術等が必要で、全国12地域で始まった文科省指定研究にもその実践例はなく、独自の挑戦となった。遠隔授業に未経験な教員も３校で協働する事により課題解決を図ることができた。所謂、学校の所属、一人ひとりの経験や年齢差、指導技術、指導観などの違いを乗り越え、授業改善に必死に取り組む教職員のパッションを感じた瞬間でもある。

2014.2 南海日日新聞

2016.1 南海日日新聞

2015.1 奄美新聞

遠隔授業を通して児童も教職員も一体となっていた。

　現在は必要とあれば学校と家庭はもちろん、全国のどこでも海外とでも普通に違和感なく結ぶことができる。ただ、私は忘れてはならないのは、当時の状況下で本町の教職員たちが遠隔教育についてどのようなことを考え、どのような思いで実践に取り組んできたかその姿を本文で少しでも感じてもらえれば幸いである。

　以下、「徳之島型モデル」として授業改善に取り組みはじめた当時を少し回想したい。

　数十年ぶりに故郷に赴任して感じたのは、離島の人口減少の諸課題であった。校長として地域の教育課題に直面した。今がチャンス、今変革しなければその機会は失われてしまうという思いに駆られていた。

　当時（平成24年度）母間小の主な教育課題と解決策を次のように考え実践した。①複式担任経験者不在→ICTの利活用による複式学級の授業改善（教師の授業力の向上・学力向上）②学習意欲向上の必要性→家庭と連携した予習型学習・協働学習・交流学習の推進（学びの質の向上）③職員減による校務の負担増加→学校ICT化による校務の効率化（教職員の負担軽減）

　このような課題解決に向けて、ICTを利活用した戦略な学校経営の推進に取り組んだ。

　平成26〜27年度の2年間、「徳之島町教育委員会ICT利活用研究校」として指定を受けた。経営方針にも「ICTの整備と少

2014.12 奄美新聞

2014　県へき地小規模校受賞

人数・複式学級における ICT を利活用した指導法の研究～ICT を活用した学びのイノベーション」と「教師としての使命感・職責感に燃え、ICT を利活用した研究授業等を通した実践的指導力を高める研修に励み、研究の深化を図り、授業力・学力向上に努める。」を掲げた。

また、研究推進にあたり、教育の情報化を推進し、学校の教育課題の解決に ICT を有効に活用するために、一人ひとりの教員の ICT 活用能力のみならず、チームとして教職員が一体となって取り組む実証的な研究を推進した。同時に、本校の ICT 化に対応した学校評価や外部評価、学校アンケート等の改善や見直しを図った。ちょうどその頃、鹿児島県教育庁義務教育課長の訪問があり、母間小での ICT を活用した授業改善等についての取り組みについて簡単に報告をした。

「課長、もうそろそろ学校を出発しないと本当に最終の飛行機に乗り遅れますよ。」

夕暮れ迫る校長室。催促する随行の指導主事の言葉も耳に入らないかのように、真剣なまなざしは本校の実践授業の動画に注がれていた。

当時、文部科学省から出向していた義務教育課長は、鹿児島県の離島へき地の教育課題の解決に ICT の活用を考えていた。偶然に本校を訪問し、母間小での実践をきっかけに県下全体に拡大するなど、その後の鹿児島県の ICT

2015.6 南海日日新聞
「３小で遠隔交流授業」

教育の推進に大きく寄与したと著書で回想している。

この出会いを契機に本校は、徳之島町教育委員会と鹿児島県教育委員会の全面的な支援を受け、母間小の ICT を活用した授業改善は加速化された。

平成 27 年度から３年間は全国 12 地域で始まった文部科学省の「人口減少社会における ICT の活用による教育の質の維持向上に係る実証事業」の実証校

として取り組んだ。主
な目的は、過疎化・少
子高齢化が進む人口過
少地域において、ICT
の活用により、遠隔地
間における児童生徒
の協働学習の充実など、
学校教育における教育
の質の維持向上であり、
そのために３校は当初
より同学年同士の交流
授業ではなく、複式授
業の改善を図るための

2015.9 南日本新聞
「親体験」

2015.7 南日本新聞
「変わる学び舎」

双方向型の指導方法やカリキュラムの開発及び学習効果を検証した。

　複式学級を有する割合が全国一位の本県、いかにして教育のデメリットを縮
小しメリットを最大限に高めるか。校長のリーダーシップが問われている。今、
アンケート結果からもその効果から、教師からは「学校の枠を超えて教師同士
の学びのネットワークやチームワークができた。」児童は、「多くの友達と学べ
る楽しさ、世界とも繋がりたい。」保護者は「新しい教育に挑戦するわが子の
姿に期待している。」地域住民は「学校と地域が結びつき、地域や島を活性化
させる力を予感させる。」など多くの成果が見られるようになった。このよう
に学校間、教職員間、学校と保護者・地域住民間など、島内外を含めた関係者
が相互に絆を深め、実践は好循環を生み出しつつある。まさにICTの利活用
により、離島から未来へ羽ばたく翼を手に入れたと感じている。フントゥーニ
オボラダレン（島の方言で「本当にありがとうございました」の意味）。この
内容は、約10年前、ある雑誌で校長として母間小の取り組みに触れた部分を
中心に引用したが、現在（令和４年）も遠隔授業の教育実践は途切れることなく、
色あせることなく当時よりさらにアップロードされた「徳之島型モデル」とし
て継続されている。

2　当時の母間小の教諭の思い～離島から始まる新しい遠隔合同授業の姿を求めて～

　鹿児島市から南に約 500 キロメートル離れた徳之島で、私自身 15 年ぶりの遠隔合同授業を実践する機会を得た。リアルタイムの映像と音声により多様な意見交流が可能になるため、実施すれば子供の意欲が高まることは経験上実感

していた。だからこそ、遠隔合同授業の必要感を的確に組み込んだ授業デザインを行うことで、主体的・対話的な学びへも繋げたいと考えた。

　2 学年算数の「長さ」の単元の導入で、映像は見えるが直接比較できない離れた遠隔合同授業という場において、テープの長さ比べをする方法を考えるという必要感を組み込んで実証を試みた。リアルタイムのジャンケンゲームに学校対抗という子供たちの意欲を高める仕掛けも加える。すると、子供たちは課題に飛びつき、離れていても比べる方法はないかを夢中で探り合った。

　自校と他校の子供のノートを電子黒板で共有して、自分が考えた方法を発表し合う活動により、多くの考え方に触

2016.1 南海日日新聞
「徳之島 ICT 活用」

れ、考えを広げる効果があった。しかし、最も遠隔合同授業の効果を感じたのは子供自身が生み出した場面である。人前で発表することがあまり得意ではない相手校の子供が、テープ図をペタペタと黒板に貼り、一番小さいテープでいくつ分かを数えれば比較できることをビデオ会議で「実際にやって見せた」のだ。学級内だけでは任意単位の必要性に気付けなかった本校の子供たちは、映像がもたらす説得力に納得させられた。説明に適したメディアを自分なりに選択して相手に分かりやすく伝えようとする子供の姿、相手が説明したことを納得しながら学び取る子供たちの姿に遠隔合同授業の可能性を感じた。

　いずれも複式学級を抱えている母間小、花徳小、山小の3校においては、複式指導の改善をテーマとしている。これまで培われた指導方法や少人数ならではの個別指導の良さを活かしつつ、遠隔合同授業が複式指導の改善を支える「徳之島型モデル」の確立を目指している。ビデオ会議の臨場感やリアルタイム性を活かして1つの教室の中に2学年の授業を行い、可能な限り直接指導の機会を増やしながら、主体的・対話的な学びを目指したモデルである。

　ハード面（機器の改善、場の設定）やソフト面（遠隔合同授業の効果を生かせる単元の選定、教師の指導ノウハウ、子供の対話の視点の確立）の整備が未だ必要である。しかし、単元の中に必要感を組み込んだ遠隔合同授業を、複式指導においても日常的に実施できれば、学びの質は向上するという実感を感じる。これまでの実践で感じた効果を以下に挙げ、今後も検証に努めていきたい。

①複式指導の中心を1学年に絞ることで、両学年の指導を受け持つ教師の負担が減る。

②遠隔合同授業による両学年同時導入を行うことで「ずらし」を行う必要性がなくなり、展開やまとめの段階に時間をかけることができる。

③直接指導の機会を増やすことで、間接指導時のガイド学習等では対応しきれなかった子供への対応が可能になる。

④練り合いの際に両担任が直接指導することで、課題解決に向けた対話の支援ができる。

3　取り組みの背景等について〜本県の全校の約3割が離島に約4割がへき地〜

　鹿児島県の南南西492キロ、奄美諸島の
ほぼ中央に位置する徳之島。昭和21年には
本土と分離され、8年間アメリカ軍政下に
おかれ、昭和28年日本行政下に返還された。
令和5年度に奄美群島の日本復帰70周年を
迎える。昭和33年4月1日には亀津町と
東天城村が合併して、徳之島町として発足、
現在に至っている。

　鹿児島県は小学校488校、中学校205校、
高等学校68校、特別支援学校16校（令和
3年度）が南北600kmの広域に点在してい
る。また、全校の約3割が離島に約4割の学校がへき地にある。その地理的特
性から本県の教育の大きな柱の1つが、へき地・小規模校における教育活動の
充実である。

　へき地として指定されている学校が、小・中・義務教育学校合わせて約
40％で北海道に次いで全国2位、全学級に占める複式学級の割合は全国1位
である。本町でも複式学級を有する学校は小学校で63％（県44％）、中学校で
50％（県13％）で、半数以上の学校が複式・小規模校である。

　本町でも少子化や過疎化が進行する人口減少社会を迎える中（昭和60年　人
口15321人・児童生徒数2592人、令和3年　同10017人・同957人）現行の学
校規模（小6校・中4校・小中併設2校）を維持することが困難な学校が増加
することが見込まれた。

　この中で、小規模校では地域コミュニティの核としての性格への配慮等から、
ふるさと留学制度（平成7年）や小規模校入学特別許可制度（平成13年）の導入、
集合学習などが推進された。

　平成24年度には、「町幼小中学校再編計画委員会」を発足し、地域の実情に
応じた少子化に対応した活力ある学校教育の在り方について協議がなされ、翌
年には町北部の分校の廃校や小規模校の統廃合案を含む答申書が町教育委員会

へ示された。

同時に、平成 26 年度からこのような学校の教育課題の解決に ICT を有効に活用するために、当時、町内の母間小学校の校長であった筆者は、町の指定を受け「ICT の利活用による少人数・複式学級の授業改善」の取り組みを始めた。

2020.11 遠隔防災授業

さらに、平成 27 年度から小模校のメリット・デメリットへの対応を含め学校が持つ多様な機能にも適切に対応する必要から、パナソニック教育財団実践研究助成校、県 ICT 研究協力校として、文部科学省「人口減少社会における ICT の活用による教育の質の維持向上に係る実証事業」実証研究校として遠隔双方向 3 年間研究に取り組み、現在まで継続している。

2021.11 遠隔言葉の教室

筆者は平成 30 年に校長を辞職し、本町の教育長に就任。令和 2 年度に町総合教育会議において、今後、5 年間を見据えた教育大綱を策定した。基本方針を「未来を創造する新たな教育への挑戦」とし、新時代の最先端技術活用の推進を通して「最先端の学びの町」をスローガンに掲げた。

現在（令和 4 年度）、教育長として 2 期目であるが、校長時代の遠隔授業などの ICT 教育の研究実践なども踏まえ、教育行政推進の責任者としての立場から、離島の抱える不利性から生ずる様々な教育課題の解決を確実に図って行く必要があると考えている。

また、社会の構造変化や国際社会の変化なども含め、新しい時代の学びを支える教育環境の整備や徳之島の魅力的な教育資源を活用した教育実現が急務と

考えている。

「徳之島型モデル」のノウハウを活かして、徳之島町内での増加傾向にある不登校や長期欠席者に対応した一部遠隔授業の実施や第三の居場所づくり（サードプレイス）を推進している。また、特別な支援や配慮を要する児童・生徒の増加、指導を担う教職員の量的制約（未経験・未配置）や通級距離などの教育環境の特性からその課題解決にK大学と連携して現在、遠隔を活用した言語聴覚士・臨床心理士などの専門家による遠隔による特別支援教育の在り方の実証もスタートさせている。

今後も、このような課題解決に各学校、関係機関を含め、国立大学法人北海道教育大学等の大学関係者や企業とも連携しながら、離島へき地の教育課題とは何か、その解決モデルについて提案できればと考えている。

4 遠隔合同授業「徳之島型モデル」とは

複式学習指導においては、一般的に主体的に学ぶメリットがある反面、多様な考えに触れる機会が少なくなりがちで、教育の直接指導も短いという課題もある。また、複式指導経験のある教員が少ない。少人数の教員間では、複式指導の指導法研究も深まりにくいという課題もある。この複式指導における課題を遠隔合同授業の導入によって改善できるのではないかと考え、平成27年度から3年間、本町の3校において文科省の実証研究を推進した。

その後、本町の小規模校5校に拡大し、実践した遠隔合同授業を「徳之島型モデル」（図1）と呼ぶ。

遠隔地の2つの複式・小規模校で双方

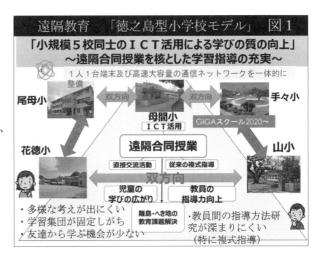

向に授業を実施し、1つの教室の中に2つの遠隔合同授業を構成し、両校の担任がそれぞれ1学年ずつを主として担当する。(図2・3)

距離を超えて同学年同士を「まるで1つの学級空間」として、全国的にも初めての取り組みでもある、複式双方向型の遠隔合同授業を実施するとともに、以下の仮説や視点を設定し、現在まで5年間の多様な実践をもとに、検証した主な内容と、その効果を以下に示す。

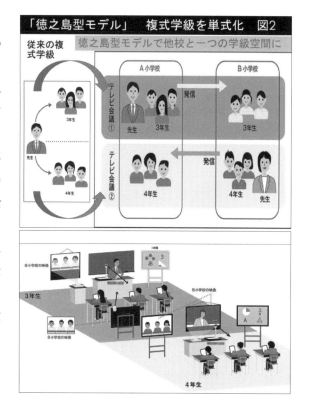

「徳之島型モデル」 複式学級を単式化 図2

(1)「徳之島型モデル」の仮説及び視点

仮説1 遠隔合同授業に適した単元や場面を設定することで学びの質が向上し、児童や教師の意識、学習効果に変化が見られるのではないか。

視点1
①遠隔合同授業に適した単元の精選とねらいの明確化
②定期的な3校合同研修会の実施と指導計画の作成(その後拡大)

仮説2 教師と児童が直接対面する機会が増加し児童の主体

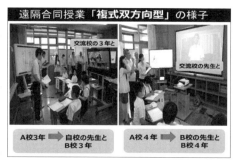

遠隔合同授業「複式双方向型」の様子

的な活動を促す支援が可能と
なるのではないか。

視点2
①複式指導における遠隔合同授業の
活用（複式双方向型）
②児童の学習状況の把握

仮説3　２つの遠隔合同授業に伴う
打ち合わせや機器の準備に時
間を要する課題を解決すれば、
日常化に向けた授業環境が整
うのではないか。

視点3　日常化に向けた工夫や対策

2021.2 奄美新聞

5　実践内容（文科省指定実証研究：平成27〜29年度・大島地区研究指定：平成30〜）

（1）視点1：単元の精選と指導計画の作成

○遠隔合同授業のねらいを実現できる単元を精選し、指導計画に位置付けた。また、その指導計画作成において、最も効果的に実施できる授業を遠隔合同授業として実施した。

○単元の精選と指導計画の作成をするために3校合同研修会を実施し、3校による研究組織（3校合同研修会・推進委員会）を確立し、前年度から計画立案し、情報共有しながら研究を進めた。

（2）視点2：複式授業における授業改善

○2つの学校同士で、1つの教室の中に2つの遠隔授業を実施し、両学校の担任がそれぞれ1学年を主として担当する。これまで培ってきた複式指導の技術にICT機器の活用を重ねることで、遠隔合同授業活用のメリットを生かした学習活動が展開できた。

○複式指導における授業改善のために、汎用性のある複式指導モデルを策定し、

基本的な学習過程を各学校で共通理解・共通実践した。

○導入においては、テレビ会議システムを活用して同時導入を行うが、展開における問題解決学習においては、担任が両学年をわたり両学年の学習状況を把握する。まとめの段階では、両学年の協働学習をずらし、それぞれの学校の担任が交流の学年に付いて、児童の交流を支援する。協働学習を行わない一方の学年は、学習リーダーを中心として、学習のまとめや練習問題を行う。

○児童の学習状況の把握

- 電子黒板の画面共有機能を用いて、資料をリアルタイム共有し、学習意欲、目的意識を向上させる。
- サーバー型学習ソフトのアカウントを3校で統合し、それぞれの学校の児童の学習状況を相互把握する。
- 授業支援ソフトの画面共有機能を用いて、両校の児童の考え（デジタルノート、ノートを撮影）を一覧表示する。

（3）視点3：日常化に向けた工夫や対策検討

○これまで異なっていた3校の校時表を統一し、遠隔合同授業を実施しやすくした。また、ドリルや資料集等の教材も揃えて導入した。

○遠隔合同授業だけで交流するのではなく、修学旅行や遠足等の行事を4校合同で実施するなど直接交流活動を定期的に実施した。直接交流活動を実施することで、児童同士、教師と児童の関係性が深まり、遠隔合同授業における交流も活発化している。

○打ち合わせ：遠隔合同授業の展開、発問や板書等の打ち合わせを簡略化するため、指導案形式を「実施のねらい」と「授業の流れ」の2つに絞ったものとし、打ち合わせも必要事項のみに止めて授業しながら調整するようにした。

○学習規律：3校での実証事業において学習規律を整える機会ととらえ、「教師の指導面」と「児童の活動面」について統一できるものを整理して実施している。

○特に、複式指導における遠隔合同授業においては、音声面が課題となることが多く、音声が相手にしっかり伝わるような配慮を盛り込んでいる。

6 教育の質の維持向上に繋がる「徳之島型モデル」の効果とは

文科省の実証事業終了後も継続した研究を取り組む中で（平成30〜令和2年度）、本町の小規模校や複式学級の抱える様々な課題に対して「徳之島型モデル」は、効果として具体的に以下のような「教育の質の維持向上」が図られた。

(1) 小規模校のネットワーク化（図3）

一般的に小規模校では、教員数が少なく、教員同士の相談や研究、協力が行いにくい課題がある。このような課題解決のために本町では、各校の教職員と児童数をテレビ会議システムで結ぶことにより、5校で教職員数30名、児童数90名の規模の学校として研究・指導が一体的に実施できるようになった。

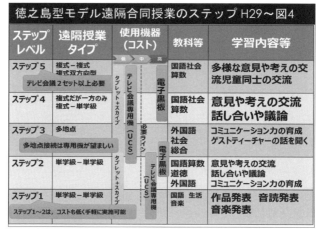

(2) 小規模校における教育の質の向上（図4）

○教員個人への負担を軽減し、教員同士が一体となって連携する環境を創出で

きた。

○従来、学年部会や教科部会などが成立しない学校でも5校の指導技術の相互伝達がなされた指導力の質の向上が図られ、未経験の教員でもレベルごとの遠隔授業がスムーズに行えるようになった。

○教員同士で遠隔合同授業の構想を練り、指導案の作成や共有する過程を通じて授業改善が図られようになった。

○継続研究により、遠隔合同授業に適した単元や指導例が蓄積とタイプ別のステップ化により、新規参入校や初めて遠隔合同授業に取り組む教師も、スムーズに研究に加わることができた。

(3) 教員の専門性を生かした授業の実現

○直接指導と間接指導の併用により、「ずらし」「わたり」などの複式指導特有の指導技術が必要とされ、教員への負担が解消された。

○年代層の違う他校の教員などから指導法を学ぶことで相互に指導力向上の機会に繋がり、教員のモチベーションが高まった。

○新聞、テレビ、研究誌のメディアの紹介により県内外からの視察や県外の小学校や専門機関と結んで、教員研修を遠隔で行うことで能力開発の機会を増やすことができた。

○限られた教員数では専門性を生かした授業が困難であったが、得意な分野を担当し合うことで、授業の質の向上を図ることができた。

(4) 児童の学習環境の向上及び一体感の向上による進学時のギャップ等の解消

○遠隔合同授業を実証の中心としながら、児童の直接交流活動や職員間の相互研修など対面の交流も重視し、小規模校同士が双方向で繋がり合い、1つの大きなバーチャルクラスルームとして高め合っている。

○5校を結ぶことにより、常に少人数の中で学習してきた児童が、適正規模の学級で学んでいるかのように、相互の友人関係を構築し、不安を解消するなど、新しい環境での学習や生活に適応できるようになってきた。

○修学旅行や水泳学習等を合同学習として位置付け、年間を通して直接交流を

実施した。

○A校では、占冠中央小（北海道）
との合同授業や、雪だるまやサトウ
キビなどのプレゼント交換等を含め、
東京の教育専門機関からの指導等も
受ける等、地理的な条件を克服した
授業形態も可能である。

○遠方の学習施設や専門家と繋いだ
授業を実施することで、移動にかか

るコストや時間を節約しながら、専門的な学習を受けることができる。

○現在、数校同時配信等で学校数に対して限られた人数しか外国語指導助手
（ALT）がいなくても、遠隔合同授業で一度に複数の学校に対して指導を行う
ことができた。

7　データが示す遠隔教育の学習効果とは

（1）学習内容の定着について

○例年実施している標準学力検査において、遠隔合同授業を実施した単元の正
答率（全国比）がどのようになっているか、学校の状況を下に示す。図5は遠
隔合同授業を実施した単元のみの数値（CRT H28 調査図5）、図6は鹿児島学習
定着度調査平均通過率（図6 H30-R1 H3 大島地区4校合同研究公開）を示している。

学習内容の定着へは繋がっているか？ 図5

A小
H28年11月実施第3学年算数
「三角形，円」NRT全国比111

H28年10月実施第3学年算数
「長さの計測」NRT全国比114

H28年10月実施第4学年算数
「面積」NRT全国比113

B小
H28年10月実施第4学年算数
「面積」
　29年1月CRT 全国比106

H28年9月実施第6学年社会
「江戸時代の特色と人物」
　29年1月CRT 全国比117

C小
H28年11月実施第5学年社会
「自動車工場について」
　29年1月CRT 全国比113
　29年4月NRT 全国比114

H28年6月実施第2学年算数
　29年4月NRT 全国比131

標準学力検査にお
いて，遠隔合同授
業を実施した単元の
正答率（全国比）
が向上している。

遠隔授業の成果と課題 学力の定着 図6

鹿児島県学習定着度調査　平均通過率				
	国語	社会	算数	理科
H30年度	63.0	71.1	72.0	65.0
R元年度	73.8	78.7	76.7	88.7
比較	+10.8	+7.6	+4.7	+23.7

○国語→意見の関係をおさえ，自分の考えを明確にして読む
○社会→資料から読み取ったことを表現
○算数→三角形や四角形の対角線や求積
○理科→実験の方法を説明

視覚的情報と音声による説明
➡児童の理解の向上
・協働学習➡思考の深まり

(2) 遠隔合同授業の研究の視点から

　遠隔合同授業を実施することのメリットを、映像資料分析により以下に示す。

○テレビ会議の画面を通してではあるが、複式双方向型の授業（図7）の実施によって、教師と児童が直接対面する機会が大幅に増加し、児童の主体的な学習を促す支援ができた。

図7 1学年あたりの直接対面時間は？

通常の複式指導　複式双方向型遠隔
約21分 ➡ 約36分　ほぼ2倍

児童の主体的な学習を促す支援
1学年あたりの活動時間は？

課題解決の時間 / 練り合いの時間

通常の複式指導　複式双方向型遠隔
約9分 ➡ 約15分

通常の複式指導　複式双方向型遠隔
約10分 ➡ 約14分

個別指導の充実や主体的・対話的な学習の充実

(3) 児童の考え方の広がりや深まり

　4月実施の全国学力・学習状況調査の質問紙回答と遠隔授業を通しての自己評価（関連する内容を抽出）を比較した結果が次の図8と図9である。

（数値は3校の6年生全員の平均　図8）（図9は令和1・2年調査）

児童の考え方の広がりや深まり　図8		
全国学力・学習状況調査における児童質問紙の設問	4月	11月
友達と話し合うとき友達の考えを受け止めて、自分の考えをもつことができている。	2.85	3.46 ↑0.61
学級の友達（このアンケートでは他校も含む）との間で話し合う活動を通じて、自分の考えを深めたり広げたりすることができている。	2.92	3.46 ↑0.54
友達の前（アンケートでは他校も含む）で自分の考えや意見を発表することは得意だ。	3.38	3.46 ↑0.08
授業で、学級の友達との間で話し合う活動では、話し合う内容を理解して、相手の考えを最後まで聞き、自分の考えをしっかり伝えていたと思う。	3.23	3.31 ↑0.08

遠隔授業の成果と課題　授業アンケート　図9		
遠隔合同授業に関するアンケート〈4段階評価〉	令和元	令和2
遠隔合同授業は楽しい。	3.5	3.6
遠隔合同授業で、相手に進んで話すことができた。	3.0	3.2
遠隔合同授業で、授業終末に振り返ったことを家庭学習や次時に生かすことができた。	3.3	3.5

○遠隔合同授業における意欲の向上
○友達と話し合うことの意義理解や積極的な対話の達成
○学習を振り返りながら課題を解決していこうとする力の高まり

大島地区「遠隔教育」協力校究　平成３１年～令和２年度

【研究主題】「主体的・対話的で深い学びを構築する学習指導法の創造」
～遠隔合同授業を核とした複式・少人数指導の充実～

最先端の学びの町

未来を創造する思いやり文化を育む人間性

ICT利活用

母間小学校　　　花徳小学校

児童の学びの広がり　　教員の指導力向上

遠隔合同授業

山小学校　　　手々小学校

小規模・極小規模校のメリットを生かし，デメリットを少なくする

児童の実態　　小規模・極小規模校の課題　　保護者の願い

（4）新型コロナウイルスと遠隔授業の経験（2020.11）

　新型コロナウイルス感染症により、本町においても、４月と５月に臨時休業の措置を行った。休業中の家庭学習等への対応について、遠隔教育を実施している５校へのアンケート結果を以下にまとめてみる。

Ｑ１「新型コロナウイルス対策に遠隔での合同授業の経験は役立ったか」

○端末の操作が児童に身に付いていたため、かな入力の説明をしなくても校内数か所からのオンラインリモートや児童の自宅と学校とのオンラインリモートが簡単にできた。

○端末の持ち帰りにより家庭学習が充実した。紙媒体の印刷も必要なく、採点や集計、取り組み時間等

が教師用端末に集計され、取り組み状況の把握と個別指導に役立った。

○学校間の連絡・打ち合わせに効果があった。遠隔合同授業の打ち合わせ等を、UCSやZoomを用いて行うことができた。他校に出かけて行くこともなく直接会って打ち合わせをしないため、感染防止に繋がった。

○他校の職員等多勢との接触を避け、移動時間の無い研修会を行うことができた。

Q2「ウィズコロナの時代と学校の遠隔授業等の将来展望について」

○遠隔授業は三密を避ける授業形態であるため、コロナウイルスの感染拡大防止には有効な手段である。

○本町の各家庭のネット環境が整備され、学校に必要な機器が備えられたらオンラインリモートでの授業や長期休業中における家庭学習支援（個別指導）や生活状況等の把握が容易にできる。

○教科専門の教師のオンライン授業を各校で共有することで、多くの教師の学習指導力向上に繋げることができる。

○機器を準備するには知識と時間が必要であり、誰でも気軽に遠隔授業を行うことが難しい。準備等、教職員のスキルを向上させる必要がある

○オンラインリモートで教科専門の教師が授業を公開し、複数の学校の児童生徒が自宅や学校からアクセスできるようなシステムを構築していく必要がある。

8 「最先端の学びの町」の今後の展望

　令和元年7月1日、本町は県内自治体で初めて内閣府の「SDGs未来都市」に選定された。本町では、「あこがれの連鎖と幸せな暮らし」の実現に向けた取り組みを始めた。現在、本町の小・中学校においてもこのような動きと連動しながら持続可能な教育の取り組みを推進している。

　さらに令和3年7月には、悲願であった「奄美大島、徳之島、沖縄島北部及び西表島世界自然遺産」にも登録された。

　「バーチャルとリアリティ、ウェルビーイング」を合言葉に、約３年に及ぶ
コロナ禍の中でも、本町の小・中学校等でもこのような動きと連動しながら、
島の宝である子供たちの「将来の夢の実現」に向けた教育環境づくりを、持続
可能な教育の取り組みとして推進している。

　令和２年度には「最先端の学びの町」を総合的に推進するために、「GIGA
スクール構想等を基盤としたロードマップ」を策定した。

　昨年度には、すべての学校に１人１台端末や Wi-Fi 環境や空調機器等の整備
を終えた。さらにハード面、ソフト面、人材面において、家庭用貸し出 Wi-Fi、
教師用指導端末、電子黒板、統合型公務支援システム、Pepper（ソフトバンクロボティ
クス株式会社）導入、ICT 支援員の配置などを推進している。

　また、ソフトバンク社との教育連携協定（R2）や外部企業との連携により、
プログラミング教育をはじめ、オンライン学習塾、特別支援教育、防災・福祉、
スポーツ、キャリア教育、不登校支援等の様々な分野において各学校と連携し
た取り組みを推進している。

　今後も島の宝である子供たちの「将来の夢の実現」に向けた教育環境づくり
を、学校と連携しながら強力に推進したい。

将来像

We're OPEN ～ みらい輝く、とくのしま町～

　We're OPEN：本町の 10 年後の姿は、将来を担う子供たちが地域住民に支
えられながら「新たな夢や目標へ挑戦できる」、「島内外において色々な経験

ができる」、「豊かな個性や能力を最大まで伸ばすことができる」町、豊かな自然や希少動植物と共生する町、また、さまざまな方々が訪れる魅力ある町、すべての来島者に、笑顔と優しさで、親しみ溢れるおもてなしをする町となっている。

そんな「ひらかれた町、みらい輝くとくのしま町」を表現している。令和4年度に6次徳之島町総合計画を策定（2022-2031）した本町では、後世に誇れる郷土を引き継ぐため、自然、文化・歴史、産業基盤等を最大限

令和4年度　令和13年度
2022 ▶ 2031

第6次
徳之島町総合計画
TOKUNOSHIMA TOWN MASTER PLAN

鹿児島県 徳之島町

に生かした特色ある町づくりと、将来の本町を担う子供たちが、ICT・IoT社会に対応できる人材となるよう育成に努めたい。

また、この豊かな文化や歴史を継承しつつ、全ての人々が幸せを実感して輝き、世界的にも貴重な大自然を守り育て、人と自然が共生するみらい輝く新たな時代への町づくりを推進するため、『「人・自然・みらい輝く」新たな時代への町づくり！』を基本理念として本町の発展を創造していきたい。

※【町マスコットキャラクター】まぶーる君
平成29年3月7日の奄美群島国立公園登録の日に誕生。名前の由来は方言の「まぶられる（意味：まもられる・恵まれる）」と牡牛の英名「Bull（ブル）」からきています。

2 章

へき地教育の基本特性を活かした遠隔合同授業と極小規模校の学校力向上

北海道教育大学へき地・小規模校教育研究センター 副センター長　川前 あゆみ
鹿児島県内公立中学校・教諭　　安田 洋幸

1　へき地・小規模校教育のメリットを活かす遠隔合同授業の観点

(1) ICT 活用教育による協働性と児童の発達を重視した取り組み

　本章で特に重視する観点は、徳之島町では、ICT の活用および遠隔合同授業を導入する場合においても、へき地性・小規模性の特性をメリットとして活かした遠隔合同授業を推進している点である。すなわち、へき地校の特性を発展させることと、ICT 活用教育は一見矛盾するように見えるが、むしろ徳之島町ではへき地・小規模校の特性を活かすことで、ICT 活用教育や遠隔合同授業も発展している。ICT 活用教育は、ICT の活用自体が目的ではなく、本来的な児童のコミュニケーション力や信頼関係づくりの発達課題を考えながら、協働性や社会性等のトータルな生きる力を育成し、ICT 活用教育を推進することが不可欠である。

　本章で徳之島町をとらえる観点は、第1に、へき地・小規模・複式授業の基本的な少人数指導や間接指導の自律的・協働的活動等のメリットを活かしつつ、その上でのオンライン・遠隔双方向のメリットを活かしている点である。第2に、直接的な児童間の信頼関係を基盤にしつつ ICT 遠隔システム活用による新たな児童間の自律的な学習活動が発展している点である。第3に、コミュニティスクール等の地区ごとで活動する地域と学校の協働性を基盤にしつつ、さらに遠隔合同授業等で社会的関係を広げ切磋琢磨できるようにしている観点である。徳之島町では、これらのへき地・小規模校の良さを踏まえ、その上で遠隔合同授業の導入がより良い方向に進むことを確信して、遠隔合同授業を町全体で推進している。本章では、実際に授業に取り組んでいる教師への調査や児童へのアンケート調査結果から、へき地教育の特性と遠隔合同授業が結び付いていることを明らかにしていきたい。

（2）小規模校における離島の固有課題と発想の転換

1 ）学校教育法施行規則第 41 条の学校標準規模と小規模校に求められる発想の転換

　全国的な学校の小規模化が加速している。学校教育法施行規則第 41 条では、小学校における標準学級数を 12 ～ 18 学級としている。したがって、これに満たない 11 学級以下を「小規模校」として位置づけている。本章で取り扱う小規模校は、この規定に基づき先に小規模校の課題を提示しておく。

　その小規模校の課題は、①交友関係が限定的となり、多様な考えに触れる機会が少ない。②教師と児童達との距離が密接な一方で、馴れ合いの関係になりやすい。③集団活動も制約される。④教職員同士での相談・研究・協力・切磋琢磨等が行いにくい。⑤組織的な体制が組みにくく、指導方法等に制約が生じやすい。このような課題があることが指摘されている。

　ただ、これらの課題は、ICT の普及によって、活動の限定性や遠距離のハンディを一気に解消できる可能性を有している。へき地・小規模校のマイナス面を克服し、プラス面を伸ばす取り組みが求められている。

2 ）へき地校の中でも離島における固有の課題

　島嶼部の学校が抱える課題は、陸続きではなく海運状況に影響されるという地理的条件が大きい。例えば、①教材教具が島内では容易に調達できない点、②職員研修での移動時間と旅費への負担が大きくなる点、③島内で生活する児童生徒にとっては外の世界や新たな価値観等に触れる機会が少ない点、④島外の新しい環境での学習や生活と大きく異なる点、等が挙げられる。

　これらは課題としてとらえられがちであるが、逆に地域の独自性を活かし、小規模校だからこそできる教育を進められるという発想に立てば、上述の視点は優位に転化する。それは、個に応じた個別最適な指導の充実が図れること、児童・教師の親密な信頼関係と協働的な学びを形成しやすいこと、また異年齢集団による縦割り指導でリーダーシップを経験しやすいこと、といった多くの利点をへき地・小規模校教育で創り得ることができる。また教職員の共通理解が図りやすく、協働的なチーム学校の指導体制が組織できるこ

とや、複式学級の間接指導では、主体的・自律的な学習集団活動を行う習慣を形成しやすくなる。さらに現代の GIGA スクール構想による ICT 機器等の導入によって、他校との交流授業や職員研修等にも活用されるなど、ICT 技術発展により小規模校の課題も解決できる点が多い。

(3) 学級編制に応じた複式学級の学年別学習指導の特性と発展的活用

へき地・小規模校における授業形態は、学級編制による異学年複式学級の特性を踏まえておかなければならない（注1）。

第1に、複式学級における間接指導では、自律的な運営能力を育成することがへき地・小規模校の学習指導の基本的な指導理念となる。小学校の場合、2個学年を合わせても16人以下（1年生を含む場合は、8人以下）となる場合に編制された学級が「複式学級」である。通常は、異学年の児童が同じ教室内で1人の先生から同時に授業を受けるため、一方の学年が指導を受けている間、もう一方の学年は自主的・自律的に学習課題等に取り組むことになる。複式学級の学習指導においては、へき地・複式教育のもつ間接指導の特質を効果的に取り入れ、一人ひとりの自主的・自律的な活動に応じた柔軟な支援をすることが求められる。

このように複式学級における学習指導では、2個学年の児童を同時に指導するため、指導内容や指導方法について組み合わせを工夫する必要がある。学習指導の類型には、学年別指導と同単元指導があり、より効果的に学習を展開するためには、それぞれの指導類型の特性を理解し、学校や児童の実態、学習する教科や内容などを考慮して個別の指導計画にあわせた自律的な学習と協働的な学び合いのバランスを組み立てることが重要である。

学年別指導は、学級を構成している上学年と下学年の児童に対して学年ごとの教科書と指導事項に沿った教材を指導する。一方の同単元指導は、同一時間・同一場面で複数学年の児童に対し同じ単元（題材、教材、主題等）を用いて指導する。それぞれの指導法には学び合いと1人学びの長所や配慮すべき事項があり、教師は、各学年のねらいを踏まえた個別最適な学びと協働的な学びの指導・評価を適切にバランス良く実施することが求められている。実はこのよう

な複式・間接指導における自律的な学習活動の支援が、遠隔合同授業における画面の向こうの自律的な学習活動を支え、個別最適な学びと協働的な学びを組み合わせていく基盤となっている。

表2-1　複式学級における学習指導の類型と特質

	学年別指導	同単元指導
長所	・学年の発達段階、教科の系統性を踏まえられる。 ・学年の発達段階や学習内容の系統性を踏まえやすい。	・異学年での協働的な学習ができ、交流を深められる。 ・2個学年に共通の学習場面ができ、複式学級に一体感が生まれやすい。
配慮事項	・児童の学習活動が途切れないように学び育て、学習環境を整えておく。 ・児童が学びの手順や方法を理解できるようにする。	・児童の学年差による既習事項の習得状況の違いや発達の段階を踏まえ、学習活動を展開する。 ・各教科等の目標の達成に支障がないようにする。 ・教科の系統性や順次性に配慮する。

注：北海道教育大学へき地・小規模校教育研究センター編『へき地・複式・小規模教育の手引 - 学習指導の新たな展開 - (改訂版)』より安田が作成

　第2に、遠隔合同授業では、学校間の同学年で深め合うことで、自校の異学年学級内での同単元異内容の交流を深めることができる。

　同単元異内容の指導においては、活動は似ているが発達段階に応じた到達度のねらいは異なる。同単元でも各学年のねらいを踏まえ、指導や評価を適切に行うことが大切である。また一般的な学習過程は、「導入－展開－終末」が基本であるが、1教師が2学年を指導する複式学級においては、基本的な学習過程を設定し、その過程をずらして適切に自律的な学習過程を指導する。複式授業においては、個々の指導を効果的に進めるために「課題把握－解決努力－定着－習熟・応用・評価」の4段階に指導過程を分けることが一般的である。

【解説】複式授業の異学年学年別指導には、「ずらし」「わたり」の学習指導方法がある。
２個学年の学習過程をずらして組み合わせることを「ずらし」、教師が一方の学年から
他方の学年へ交互に移動して直接指導にあたる際、学年の間をわたり歩く教師の動きを
「わたり」という。さらに、学年別指導において、一方に学年の児童に教師が直接的に
行う指導を「直接指導」、直接指導ができない他の学年の児童が、自主的に学習が進め
られるよう指示を与えておいて行われる指導を「間接指導」という。

　第３に、遠隔合同授業は間接指導の時間的制約を乗り越えることができる。
複式学習指導では、児童に直接かかわることができる時間的制約がある。その
ため複式学習指導では、児童の学習の状況を的確に把握し、本時の学習への意
欲付けや学習内容の定着に向けて、直接指導と間接指導を組み合わせ、児童に
どのように関わるかを明確にすることが求められる。実際には、間接指導を充
実させるために、児童一人ひとりに的確な対応ができる同時間接指導を行った
り、学習指導の各段階をずらして組み合わせたりする（ずらし）など、両学年
の学習状況に応じた指導時間帯の設定などの工夫をしている。遠隔合同授業で
はわたり・ずらしの時間節約を図ることができるため、時間帯を学習内容に応
じて設定し、児童一人ひとりの学習状況を見取りながら、その状況に応じたき
め細かな指導と学習内容の確実な定着を図ることができる。

　以上のように、従来のへき地・小規模校の複式授業の異学年指導と学年別指
導は、ICT・遠隔システムの普及によって、へき地・小規模校の学校間の関係
においても有効な手法となり得ると期待される。徳之島町の学年別指導計画作
成にあたっては、１単元・１時間内の個々の児童の学習活動を予測し、遠隔合
同授業の学年別の単式指導時間と複式指導時間をどのように組み合わせるかを
考慮しながら、遠隔合同授業を展開している。

　本節で明示した小規模校の課題と、さらに島嶼地域における固有の課題を踏
まえ、次節ではこれらを克服する具体的なオンライン・ICT の効果的な活用
についてとらえる。

2　学校間の日常的な子供の交流を活かすオンライン・ICT の効果的な活用

（1）へき地教育の学習展開・学習方法の質を発展させる契機としての遠隔合同授業

　１クラスに在籍する複式学級編制規準の２個学年 16 人までの児童人数であれば学校間交流の際に画面越しに顔が見え、社会性育成のメリットの方が大きく、インターネット上の匿名性・希薄性・同質化・排他性のデメリットを克服できる。少人数だからこそ ICT を有効に活用でき、弊害よりもプラスの側面が大きい。遠隔システムは、へき地校の学校間交流と社会性・コミュニケーション力の育成にも繋がる取り組みとなっている。具体的な場面として提示すると、下記の３点にまとめることができる。

１）異年齢集団や間接指導のリーダーシップ・フォロワーシップの良さを応用した協働的な学び合い

　異年齢の学び合いは、へき地校の良さであり、お互いの能力差を児童自身も認識し相互承認しながら、それらを活かした学び合いが創造できる。教科内容によっては、異学年で学習内容を伝え合い教え合うことも、協働的な学習活動の方法として取り入れることができる。また上級生のリーダーシップと共に、下級生のフォロワーシップも意識させることで、集団の役割分担と組織の機能を認識することができる。

２）空間・距離・時間的制約を克服できる遠隔合同授業の教育活用メリット

　間接指導の自律型学習では、少人数で目が届くことが、ICT・遠隔教育システムを活用しても集中できる条件になっており、地域探究学習でも自分たちで役割分担をしながら調べる力が習得できている。複式授業のガイド学習に慣れているため、間接指導時や遠隔合同授業時にも児童が主体的に ICT を活用し、学習を進めることができる。大きな学校では授業と直接関係がない Web サイトを閲覧する子供もいることが指摘される中で、へき地・小規模校では、遠隔合同授業であっても、教師と児童の信頼関係を基にした ICT の活用と協働的な学びの空間を創出しやすい。

　遠隔合同授業に参加する子供の人数差がありすぎると、一緒に合同授業を運営しにくいこともあるが、へき地校どうしの児童は交流することのメリッ

トは大きいとされている。それは、お互いに顔の見える環境の中で、相互承認の人間関係を基盤にした学び合いをさらに発展させることができることによる。

3）学校間の子供の日常的な交流と切磋琢磨

徳之島町では、授業内の交流だけでなく、児童の日常的な交流やコミュニケーションの場、学校間の行事活動等の交流を大事にして、子供たちの社会性を広げていくことを重視している。また、年間を通じて高め合う関係性を意識させることで、学校間で切磋琢磨する意識を醸成している。

(2) ICT 活用型複式・少人数授業運営の理念と効果的な ICT 活用教育の選択

1）ICT 活用型複式授業運営の考え方

ここでは、小規模校で ICT を活用する上で効果的な選択的活用についてとらえていく。

ICT の効果的な活用方法の視点は、下記の4点が考えられる

①自律的・協働的な間接指導の良さを発展させる道具としての ICT 活用

② ICT 活用教育による少人数の学習過程の把握と思考力・判断力・表現力の育成

③各校の地域共同社会を基盤にした ICT 遠隔合同授業による切磋琢磨

④子供のネット社会・ネット依存生活の中での目的的・探究的な ICT 活用の促進

これらの4つの視点は、これまでへき地・小規模校教育においても課題とされてきた「間接指導時の学習過程の把握と学習活動の充実」「思考力・判断力・表現力の発展」「交流を通じた切磋琢磨」「ICT 活用促進による目的的・探究的な学び」を充実させていく上で、ICT が有用である。

2）少人数の全員参加型協働学習活動と ICT の効果的な活用

さらに、具体的な ICT の効果的な活用の場面としてとらえると、次のように大別して3点に区分できる。

①少人数をメリットに活かすICT活用型協働学習の理念と全員参加型授業の方法

②発問・集団のファシリテーションを基盤にした自律的ICT活用授業の発展

③児童理解を活かした個々の児童への学習声かけとICTを活用した個別指導の重視

　上記の①は、少人数だからこそ児童に能力差があっても全員が発言する機会を保障することや、お互いの意見を補い合う授業が展開できる点にある。②は間接指導の場面で教師が付かなくても児童が自主的に学習を進められるようなICT活用の授業をできる点にある。③は少人数だからこそ児童の特性を踏まえてICTを活用した個別指導に取り組みやすい。

３）ガイド学習による自律的運営とICTの効果的な活用による思考過程の見える化

①ガイド学習と自律的な学び・協働性を促進するICTの活用方法の開発

　ICTを活用したガイド学習の基本パターンを作成し、自律的運営ができるようにする（注2）。

②ICTによる児童同士の協働性の中での思考過程の把握

　ICTを活用したノート・ワークシートの書き込み方法と思考過程の見える化をする。

③学校内・学校間の意見交流の活性化とICTの活用戦略

　ICTを活用して校内の1人思考・ペア学習を基本にした意見交流を行うと共に、遠隔合同授業において意見交流と高め合う対抗授業ができる。また遠隔システム・ICTを活用した学校間の子供の意見交換・思考過程の共有化といったICTの活用方法がある。

　ガイド学習などの自律的な学習習慣が基盤にある子供たちにとっては、ICTを活用しても他の用途にとらわれずに学習活動の本来的な目的に集中することができる。また、少人数であることを強みとして、思考過程を全体で共有することが随時可能である。

4）言語・コミュニケーション力を発揮させる学習活動と ICT の活用

①基本言語力・対話力・コミュニケーション力・表現力の育成と ICT の活用

ICT の活用方法では、個別学習と協働学習の基盤としての言語表現力の向上や子供のネット社会の課題を超える ICT リテラシーの育成効果がある。

②異学年・異年齢のコミュニケーションの良さを活かした ICT の活用

異年齢のコミュニケーションを活かした教育活動では、匿名性の高い関係性ではなく、お互いの認識が可能な関係性での ICT によるコミュニケーションの活性化と異年齢リーダーシップの教育効果が期待される。へき地はコミュニケーション力が低いのではないかと言われる中で、少人数を補うことができる小規模校間の遠隔合同授業は効果的なコミュニケーションの機会であると徳之島町では評価されている。その理由は、へき地校は兄弟姉妹的な密接な関係であるため、遠隔合同授業であっても外部との関係は新しい社会関係を作るコミュニケーションとなる。

3　教師と児童の側から見た遠隔合同授業の長期的な学び合いの教育的効果

ここでは、2021 年 12 月に実施した現地のヒアリング及びアンケート調査結果を基にして、「徳之島型モデル」の実践者である教師と児童自身が感じている評価を包括的にとらえていく（注3）。

調査対象は、徳之島型モデル実践校（徳之島型モデル実践校 5 校：母間小学校・花徳小学校・山小学校・手々小中学校・尾母小中学校）の各小学校教師及び児童とし、教師の対象は授業を担当する小学校教師とした。調査方法は、アンケート調査紙による回答を基本とし、小学校低学年については、アンケート調査紙への回答が困難であると判断した場合に対面でのヒアリング調査を実施した。本調査は 2021 年 12 月 6 日～ 2021 年 12 月 10 日の期間で現地調査を実施した。

教師 17 名に対する調査では、アンケート回収率は 100％であり、学校規模に準じて教員数に差があるものの、各校の授業担当教員から協力を得た。

（1）2021 年に実施した教師のアンケート調査結果の概要

1）複式授業についての教師の認識と可能性の場としての評価

　　2021 年調査では、複式授業の実態や教師の複式授業に対する認識と評価について検討した。複式授業についての教師の認識は、「学びの協働としての場」「児童の主体性を育む場」という教育的効果があること、また、「教材教具として ICT を活用する場」「異学年交流の場」という授業形態の 1 つであるという見方があった。複式授業の利点としては、異年齢集団での学びの機会や系統性をもった授業の実施、複式授業特有の「間接指導」における児童の主体的・能動的な学習が可能となる場、等が挙げられた。

2）実践者としてとらえた「徳之島型モデル」について

　「徳之島型モデル」を普遍的な実践モデルへと構築していくための組織経営としての実態や、改善の余地が見出せる実施課題が明らかとなった。設問「遠隔合同授業に適した単元の精選とねらいの明確化ができている」について、「あてはまる」4 人（23.5％）、「まあまあてはまる」11 人（64.7％）という結果は、授業実践力を向上させていく直接的な効果として評価できる。また、設問「授業中における教師と児童らが（オンライン上においても）対面する機会が増加した」について、「あてはまる」9 人（52.9％）、「まあまあてはまる」6 人（35.3％）、設問「通常の複式授業と比べて、児童の主体的な活動を促す支援がより可能となった」について、「あてはまる」2 人（11.8％）、「まあまあてはまる」12 人（70.6％）という回答結果を得た。

　　この結果により、これまでの「徳之島型モデル」における個別指導の充実や主体的・対話的な学習の充実が可能になるという理論的評価部分が立証され、実践モデルとしての有用性が明確となった。加えて、遠隔合同授業の良さとして、「複式解消による単式授業の充実」「多様な意見の交流」「学びに向かう児童の姿勢」「相手意識の醸成」が教育的効果として特に多く挙げられ、総体的な教育効果が示された。

　　一方、設問「授業準備について、教材作成や授業づくりに負担となる部分がある」について、「あてはまる」6 人（35.3％）、「まあまあてはまる」9

人（52.9％）という回答結果から、教師の働き方改革の視点に基づいた改善の余地があることも明らかとなった。複式が解消されることによって単学年分の教材研究に専念できる反面、機器操作や遠隔授業用の資料作成に時間を要する実態があった。また、遠隔授業の日常化に向けた環境整備について、ほとんどの教師から肯定的な回答が得られた一方、設問「遠隔合同授業に伴う打ち合わせや機器の準備に時間を要する」について、「あてはまる」7人（41.2％）、「まあまああてはまる」7人（41.2％）という回答結果から、政策的なハード面の支援だけでなく、打ち合わせや授業準備の作業効率を高めるためのソフト面の支援や解決策を検討する必要が生じていた。しかし、これらの課題は、後述する次年度のアンケート結果を概観すると一年が経過した2022年10月調査では遠隔システムの技術的発展もあって、大幅に改善されていたことがわかる（注4）。

3）へき地・小規模校教育に対する意識の変化

　本調査の中で、へき地・小規模校教育に対する意識の変化について、着任前と着任後で検証した。

　設問「へき地・小規模校教育に対する意識の変化について、着任前・着任後のイメージとして最もあてはまる項目から順に1〜3を（　）内にそれぞれ記入してください」について、着任前と着任後におけるプラスのイメージの変化には大きな違いが見られなかった。なお、特に多く回答を集めた項目に「4．個々の児童に目が行き届きやすい」「2．児童同士、児童と教師間の信頼関係が密接で様々な教育活動を行いやすい」「1．個々の児童の個性や特性に応じた指導を施しやすい」がある。

　着任前と着任後におけるマイナスのイメージの変化については、全体的な変化は無いものの、項目「1．少人数であるため、社会性が育ちにくい」について、着任前の第1選択で3人が選択している一方で、着任後の第1選択で当項目を選択した教師は1人もいない結果となった。当項目がへき地・小規模校における共通の教育課題であることを踏まえると、遠隔合同授業の教育的効果があることを意味する。遠隔合同授業によって少人数性が解消され、

より多くの他者とコミュニケーションをとる機会が増加したことに伴い、社会性の育成を促しやすい環境に転換したと言える。

　同様に項目「3．人間関係の固定化によっていじめなどの人間関係によるトラブル解消が難しい」「4．話し合いや協働作業の活動において、学習内容の深まりや広がりが難しい」の選択者数の推移について、両項目において選択者の明らかな減少が示された（項目3：3人→0人、項目4：10人→5人）。項目1と同様、少人数ゆえの教育課題の解決に「徳之島型モデル」が大きく寄与することを示した結果であると言える。

　しかし、項目「5．学級編制替えがないため、個々の価値観が固定化されやすく、多様なものの見方、考え方を育むことが難しい。また、新たに人間関係をつくりあげようとする機会が少ない」については、赴任前後ともに多くの教師が意識している。そのためか、項目5については直接的な対面交流の場の在り方を再検討し、臨場感のあるリアルなコミュニケーション活動の場面を通して、多様性を尊重できるソーシャルスキルの育成が大切であると考える。

(2) 2021年に実施した児童の調査結果から見た遠隔合同授業の評価

　児童対象アンケート回収率は91.3％（103人中94人）であり、低学年から高学年まで幅広い発達段階における児童から回答を得ることができた。

　今回調査では、単式・複式学級それぞれに在籍する児童を対象にアンケート調査を実施した。今回の調査における単式・複式学級の比率は概ね1：2である。

1）遠隔合同授業についての児童の評価

　本調査では、児童の遠隔合同授業「徳之島型モデル」に対する児童意識調査を実施した。

　設問「遠隔合同授業は楽しいか、またどのような活動が楽しいと感じるか」について、ほぼすべての児童が楽しいと回答（93.6％）した。「あまりあてはまらない」と回答した3人の理由記述の部分では、音声トラブルによる聞き取りづらさの指摘が共通していた。

　設問「遠隔合同授業で、先生に質問したいときに質問できる」について、「あ

てはまる」41 人、「まあまああてはまる」18 人となり、全体の 62.8％が肯定的な回答であるが、全体の 4 分の 1 が質問できていない状況については、今後の改善課題である。また、設問「遠隔合同授業の中で、発言したかったができなかった経験がある」について、経験があると回答した児童は全体の約 34.0％と、3 人に 1 人が発言の機会を失っている結果となった。理由記述では、「緊張する」のほかに「時間がなかった」「話が次に流れた」という意見も挙がり、通常授業と同様の悩みを抱えていた。

　設問「遠隔合同授業中に、困った経験がある」について、「あてはまる」14 人、「まあまああてはまる」23 人と全体の約 40％が該当し、「相手の声が聞こえにくい」や「ハウリングが起こる」等、機器トラブルに関する事由が多く挙げられた。全体を通して、児童たちは遠隔合同授業自体に楽しさややりがいを感じている一方で、遠隔合同授業に馴染めない児童へのサポートの必要性と、機器トラブルにおける改善も不可欠である。特に、通常授業において発表等が苦手な児童に対する遠隔合同授業中の見取り方や支援体制の構築は大切である。

　「遠隔合同授業と自校内での授業について、どちらが分かりやすく理解しやすいと感じるか」について、全体の約 8 割の児童が自校内の授業を選択した。理由記述では、「（自校内授業は）音声が聞き取りやすく、黒板も見えやすい」といった機器環境に関する理由が多くみられた。また自校の教師の方が相対的に、「質問しやすい」「先生が目の前にいてくれる」といった、教師との関係性に係わる精神的な側面があった。一方の遠隔合同授業を選択した児童の理由には、「多様な考えに触れられる」が多く挙がった。

　全体としては、設問「遠隔合同授業をもっと多くやりたいと感じる」について、全体の 77.7％が肯定的な反応を示し、否定的な意見の中には、機器トラブルに関する意見のほか、「自校内授業の方が質問しやすい」という子供の存在も垣間見えた。「遠隔合同授業は楽しいが、自校内授業の方が分かりやすい」という児童の言葉に、遠隔合同授業の良さと対面型授業の良さが集約されている。

２）家庭での使用状況について

　2021 年の調査段階では、学校全体で一斉にタブレット端末の家庭への持ち帰りを実施している学校はまだなかった。家庭におけるネットワーク環境の格差もあり、学校側から働きかけることが難しい部分もあるなかで、各自治体との連携を図り、持ち帰り可能なモバイル Wi-Fi ルーターの用意やポケット Wi-Fi の貸し出しなどが対応策として考えられるだろう。2021 年調査において学校によっては、町独自の学習プログラム参加児童のタブレット端末は持ち帰りが許可され、町からのポケット Wi-Fi の貸し出しも行われていた。

４　ICT 活用教育による子供の学びと社会性を育む教育的効果

（1）2021 年質問紙調査からとらえた複式双方向型遠隔授業における教育的効果

　これまでは「徳之島型モデル」の実践について、理論的分析と教育行政の立場からとらえる教育的効果、さらにヒアリング及びアンケート調査をもとにした教師や児童の主観的立場からとらえた教育的効果をとらえてきた。

　ここでは 2021 年調査から総じて複式双方向型の遠隔合同授業の教育的効果とその意義を明確化していく。

１）学習形態としての複式解消モデル

　「徳之島型モデル」の１つの目標である「複式解消」の観点について、複式双方向型の遠隔合同授業による複式解消は大いに期待できる結果であった。複式授業を一部解消できたことによる恩恵も大きく、複式授業の課題である単学年への直接指導時間が増加したことは、児童の深い学びを保障することに繋がる。

　しかし、複式授業のよさとして挙げられた「２個学年での学び」の利点を無視してはならない。複式授業のよさについては、異学年集団の学びの場となり、教え合いや学び合いといった協働的な学びの場を提供してくれるものでもある。同時に、へき地・小規模校においては少人数学級となる場合が一般的であり、そうした空間での先輩・後輩という関係性は児童の社会性を構

築する機会となる。さらには、教師の立場として系統性を持った指導ができることも複式学級の利点であり、そうした観点から、一概に複式学級の解消を積極的に進める必要性はない。複式授業の異学年関係のよさを積極面として活かしつつも、学習内容と授業のねらいの教育効果を使い分けることが大切である。

　例えば、国語の発表活動の授業場面で、聞き手がいつもの見慣れた数人では何か物寂しいところがある。多くのフィードバックを得るためにある程度の集団が必要であり、かつ発達段階が同じ児童たちとの交流機会を確保するためにも、複式双方向型の遠隔合同授業として設定する意義は十分にある。その為には、遠隔合同授業に向けた単元の精選と指導計画の作成が核となり、より充実した児童の学びを保障することに直結する。

２）学びの協働の場の創造と間接指導理念の遠隔合同授業への活かし方

　かつて「アクティブ・ラーニング」という言葉が教育界のトレンドになったように、「主体的・対話的で深い学び」によって質の高い学びを実現し、生涯にわたって能動的に学び続ける姿勢を育むことが学校教育の目指すべき指標とされた。

　複式授業の実際の場面で、間接指導時のリーダー学習やガイド学習といった、児童達が主体となって授業を進行していくことは、自分たちで何をすべきか、どんな解決方法であるかを協働して考える状況を生み出し、自主性が育まれると評価されている。しかし、少人数かつ固定化された人間関係の中での学びには限界がある。遠隔合同授業で他校と繋がることは、より多様な意見や考えに触れる機会として設定されるべきであり、教育効果としても期待は大きい。

　今回の調査では、遠隔合同授業を設定することにより、児童の授業に対する姿勢の変化を教師自身が感じていることも明らかとなった。学習の終末場面において交流の活動を設定した際、児童が意欲的に学習に取り組むという回答記述からも見られるように、学習の動機づけの１つとして遠隔合同授業は効果的な授業形態であると言える。

　また、合同遠足・合同レクリエーション・修学旅行等の行事を合同で実施

するといった直接的な対面交流の場を設定するねらいとして、遠隔合同授業をよりスムーズに導入できるようにすることが挙げられる。児童や教師にとっても、相手校の児童や教師の顔と名前を一致させることで教師と他校の児童達との間に信頼関係が芽生え、より良い授業づくりに繋がっているという。画面越しの繋がりだけでなく、直接的なかかわりをもつことは人間関係づくりと信頼関係の獲得に繋がると言える。

3）教育の ICT 化による教育活動の効率化と個別教育効果

　GIGA スクール構想によって導入された1人1台端末の整備により、児童一人ひとりに最適化されたコンテンツや教材の配信が可能となった今、学習状況や学習環境に左右されない学びが可能となった。徳之島町では、実際に児童たちが各自のタブレット端末で個人用ドリルに取り組む場面を参観する機会があった。このような活用方法は、複式授業の間接指導場面において児童の学びを保障するツールとして活用することもできるだろう。

　さらに、離島やへき地・小規模校においても地域格差を気にせず等しく教育が受けられる環境が整備された中で、1人1台の端末を持つことで児童が互いの考えをリアルタイムで共有でき、双方向での意見交換が活発になると期待されている。遠隔合同授業を含め、これは徳之島型モデルの最終形態である「複式双方向型遠隔合同授業」が実践できる環境が全ての学校において整っていると言い換えられる。しかし、こうした授業形態の実践報告は全国的に見てもほとんどなく、徳之島町のパイロット的な事例を広く発信することが、これからのへき地・小規模校教育の遠隔合同授業の可能性を拓いていくことに寄与する。

　2022 年度から実施された小学校の教科担任制の導入をはじめとする学校教育の動向として、小学校段階における専門的な学びの機会の重要性が見直されてきた。また、プログラミング教育や外国語教育など新たな授業内容の増設を背景に、教科の専門性を考慮した教員配置も課題となる。

　一方、へき地・小規模校においては免許外科目の指導が常態化しているほど教員数は少なく、このような場合の遠隔合同授業として、他校に勤務する専科の教員とオンライン授業ができるなど、大変効果的かつ教育効果も期

待される。また、社会教育施設等での校外学習や社会科見学が困難なへき地地域において、オンラインを通して学芸員や専門スタッフから直接話が聞ける環境が整ったことは、地域環境や学習環境に左右されない学びの機会が保障されたことを意味する。GIGA スクール構想による端末の全国的な配置は、へき地・小規模校における個別最適な学びや学校教育の発展も保障された結果となった。

　また文科省は、GIGA スクール構想の一環として教師の働き方改革も視野に入れた統合型校務支援システムの導入を推進している。ICT システムの導入によって、学籍情報や成績管理、健康管理などを統合して一元管理でき、多忙な教師の業務負担を軽減し児童に必要な指導ができるようになる。個人用端末に備わるアプリケーションによっては、アンケート収集・結果のデータ化を瞬時に行ってくれるものや、児童の画面を一括して把握し、全体共有できるなど、活用方法によって教師・児童の両者にメリットとなる。

　2021 年調査では、学校単位でタブレット端末を一斉に家庭へ持ち帰らせることを実施している学校はなかったが、高価な端末なだけに取り扱いには十分配慮することが求められる。また、使用上の注意とそれらの共有、また各家庭のインターネット環境の状況把握と必要に応じた支援も不可欠となる。特に情報モラルの育成に関して、2018 年の「情報活用能力を育成するためのカリキュラム・マネジメントの在り方と授業デザイン」では情報活用能力の体系表例が示された。新学習指導要領と同様の「知識及び技能」「思考力、判断力、表現力」「学びに向かう力、人間性等」の 3 本柱に整理され、それぞれに情報モラル・セキュリティに関する内容が含まれている。道徳科における計画的な指導を前提に、学校教育全般において継続的指導が重要となる。

4）学校の働き方改革と ICT 活用研修の必要性

　複式双方向型の遠隔合同授業による複式解消に伴い、単学年の教材研究に専念できるという教師からの期待の声があがった。教師自身が教材研究に専念できることで、ひいては児童にとっても利点となり、この側面を見れば教師の働き方改革にも寄与する実践だと言える。

　しかし、設問「（徳之島型モデルにおける）授業準備について、教材作成

や授業づくり等において負担となる部分がある」に関して、88.2%の教師が「あてはまる」「まあまああてはまる」と回答している。働き方改革を前提とした授業づくりの観点からも「徳之島型モデル」から学ぶ意義は大きい。

　ICT活用教育に係る研修も近年では多くみられ、徳之島町においても学校単位や町単位での実施もされている。研修の方法はさまざまであるが、オンラインを介した研修が一般的となりつつある中で、特に鹿児島県のような離島の多い地域において、有効的な手段と言える。また、研修を行う時間の確保についても検討が必要である。機器操作に対する不安が解消されないまま実践に臨んでしまえば、トラブルの回避もできなくなるなど、質の高い教育とはかけ離れてしまう。赴任当初の研修を手厚く実施することで、実践に向けた全体像を大まかにとらえることができると考える。見通しのある中での学びが深くなることと同様で、教師自身のスキルの向上を目指した研修においても実践の見通しを全体の共通理解とすることが前提となる。

5）ICT活用教育の日常化に向けた工夫・対策と遠隔合同授業の発展的継承の条件づくり

　「徳之島型モデル」は、2015年度から取り組みを開始した文科省の実証研究事業の継続として現在に受け継がれているものであり、これまでの試行錯誤の実践による蓄積は豊富であると考えられる。組織的に計画・実施される職員研修においても、「徳之島型モデル」を発展的に引き継ぐ役目を担っており、遠隔合同授業の先駆け的な機能の中核を担ってきた。

　一方、2021年度において、徳之島町では約半数の教職員が対象となる人事異動が行われた。これに伴い、「徳之島型モデル」の最初の実践者が減少してしまい、同年度における実践数は減少したという。そのため教職員の異動を前提とした職員研修の在り方が問われ、教職員の異動によって実施の頻度が大きく左右されるようでは、効果的かつ持続可能な教育活動としての「徳之島型モデル」ではなくなってしまう。教職員の引継ぎにおいては、動画等を活用したテンプレートのようなマニュアル資料やこれまでの授業実践を記録した複式双方向型の遠隔合同授業における単元別指導案等をまとめた冊子を作成した。このような継承を研修の中で意識することで、新たな人が授業

準備や授業イメージをする上でも、初任者を含めた全職員の負担を軽減できるのではないだろうか。ある程度の画一的かつ普遍的な教材資料の共有によって、教師間の遠隔合同授業に対する温度差を解消し、積極的なICT活用教育の一歩を踏み出すきっかけとなる。

「教育の情報化に関する手引」において、時代の要請や学習指導要領の内容、アクティブ・ラーニング、カリキュラム・マネジメント、指導力向上、校務の効率化、環境整備、学校組織や学校教育全般について言及している。これらはICT利活用が学校の教育活動に必要不可欠なものになる可能性を意味する。授業用端末や児童生徒用端末等は、黒板やチョーク、ノートや教科書と同様、授業や学習のツールである。

しかし、ICT活用教育環境の整備によって、自動的に教師の授業が自然と豊かになることや児童の学びが充実するわけではなく、主体的・対話的で深い学びの視点から授業改善と連動させる必要がある。学校は教育の情報化に即しながらも、子供と教師の関係性を基盤にした教育活動と対照化してICTの利活用を検討する必要がある。とりわけへき地・小規模校では、これまで培ってきた授業力に加えて、ICT活用指導力が定着していくことを目指した組織体制や研修のとらえ直しが大切である。

ここまで本節では、複式双方向型の遠隔合同授業としての教育的効果と実施課題を明確化する中で、遠隔合同授業の本来の良さを明らかにしてきた。同時に、「徳之島型モデル」がもつ本来の教育的効果とその可能性についても見出すことができた。

ICTの導入による児童の学び方が変わると同時に、教師の働き方にもアップデートが必要となる。ICT活用教育に限らず、学校教育全般において教師と児童達の成長に関わる人材やツールを活用し、学校教育目標の達成を目指すことが「開かれた学校」づくりである。そのためにはすべての学校教育においてICTの利活用が不可欠なものとなり、これまで以上にICTを活用した授業の質を高めていくことが重要となっていく。

(2) 複式双方向型遠隔授業の意義と離島教育の可能性

　ここまで複式双方向型の遠隔合同授業の教育的効果と意義を踏まえ、離島教育としての授業方法の可能性をとらえてきた。特に複式双方向型の遠隔合同授業の実践は、へき地・小規模校教育の概念が根底にありつつも、さらに極小規模校の課題解決の一端をも担うものであると評価できる。徳之島町の実践からも明らかであるように、複式双方向型の遠隔合同授業の導入によってもたらされる児童への教育効果は大きく、教師の専門性や一人ひとりの力量形成にも効果を発揮している。

　徳之島町独自の実践として認知される授業形態「徳之島型モデル」であるが、少子高齢化社会を迎えるこれからの日本の学校教育に大きな可能性を示している。学校の小規模化が、農山漁村地域だけの課題ではなくなった今、少人数教育の最先端を走るへき地・小規模校教育の分野から、ICT 最先端技術を活用した新たな学びの様式を取り入れた、へき地・小規模校教育を保障する取り組みとして発信していく必要がある。そのためには、「複式双方向型遠隔合同授業」の実態の明瞭化と教育的効果を広く普及していくことが不可欠である。

　複式双方向型の遠隔合同授業には2つの側面があり、1つは「遠隔授業としての授業形態」である。GIGA スクール構想の実現によってほぼすべての学校において遠隔授業を実施できる環境は整った。遠隔システムにより、遠隔地の児童や教師と対話したり、博物館職員や様々な仕事へ従事する人の話を聞いたり、教科教育を越えた学びの獲得と教育の機会均等を図れることが現実のものとなった。また、これまで何度も述べてきたように、少人数学級における学びの多様化や質の向上だけでなく、社会性を育むコミュニケーションの幅を広げる手段として、遠隔システムと遠隔授業の可能性は高い。

　そしてもう1つの側面が、「複式解消による直接指導時間の確保をねらいとした授業形態」である。「徳之島型モデル」において示された、全国学力・学習状況調査における学力向上の実績は、教育的効果を図る判断要素としてその威力を大いに発揮する。1学年当たりの直接指導時間の増加によって、児童の主体的な学習を促す支援がより可能となることは、2021 年調査結果からも明らかである。

複式双方向型遠隔合同授業をはじめ、遠隔授業に係る準備時間を負担と感じる教師も少なくない中で、学びの在り方に多様性をもたせる交流教育活動としての位置づけからでも、まずは実践してみることから始めることを大切にしていきたい。それが児童の意欲に繋がり教育的効果を見出すきっかけとなれば、日常的な実践のための工夫を段階的に加えていくと、決して導入のハードルは高くはない。

　以上、2021年現地調査結果を基に「徳之島型モデル」の実践者の主観的評価についてとらえてきた。そこでの困り感や課題の多くは、2022年調査で大幅に改善された事項も多かった。最後に次節では、そうした2021年調査の改善課題の克服について、2022年調査結果から教師自身がどのような教育効果を推進してきたかをとらえていく。

5　徳之島町のへき地・小規模校の特性を活かした遠隔合同授業の効果と学校力向上

　本節では、前節までに述べた2021年調査から1年を経て、2022年にはどのような改善や教育効果が見られているのか、2022年教師への質問紙調査から総合的にとらえる（注5）。

（1）へき地・小規模校の特性を活かした遠隔合同授業効果と学校力向上

1）へき地・小規模校教育の特性と異年齢集団指導による社会性の育成

　へき地・小規模校では社会性を育成するために、日常的には異年齢集団・異世代間関係を活かして社会性を育む指導をしている。学校全体でも異年齢集団指導をしているが、複式学級の中でも異年齢集団の指導を施している。異年齢集団は、個々の能力差のあることを前提にして相互に教えたり教わったりしながら学び合うもので、この経験が遠隔合同授業においても学校を超えて学び合う姿勢に繋がっている。

　質問紙調査の結果からみても特に異年齢集団指導として心がけさせていることは、①「上級生に下級生へのリーダーシップを発揮させること」、②「上級生と下級生が異年齢の中でも教え合えるようにすること」を重視して指導していることが明らかとなった。同時に下級生にも、③「下級生に上級生へ

のフォロワーシップを発揮させること」を指導している。

　また学習活動と日常生活を区別するため、④「日常的に TPO に応じた言葉遣いや対応を意識させること」や、⑤「授業等のフォーマルな場と休み時間等のインフォーマルな場の TPO を区別させること」を推奨している。⑥地域での関係として、「異世代間の中での礼儀・敬語等の言葉遣いを意識させること」も推奨している。これらの能力差を超えた異年齢集団指導は社会性を高め、遠隔合同授業においても、あらゆる児童どうしの討論・意見交換を容易にする条件となっている。

2）遠隔合同授業の基盤となる児童間の交流活動

　遠隔合同授業を円滑にする基盤としては、顔をお互いに知っている知己の関係であることも意見交換・協議を活発にする条件となる。へき地・小規模校では元々へき地校間の集合学習などを実施していたが、さらにそれらを発展させて、日常的な交流を促進している。徳之島町では、へき地校どうしの児童間の日常的な交流を発展させるために、①「直接対面行事や集合学習等を企画する」、②「学習発表会や修学旅行発表会などで交流する」、③「アイスブレイクやオンラインレク・ゲームなどを取り入れる」、④「学級活動等の話合い活動で意見交換をする」、⑤「朝の会・帰りの会等、学校の始業前と終業時で交流する」、⑥「休み時間等も含めて1日中オンラインで繋がっている」、⑦「教師同士が自然な交流をしている後ろ姿を見せる」などの取り組みを意識的に心がけている。これらの日常的な活動をすることで、遠隔合同授業内の交流活動も率直な交流ができる条件となっていた。

(2) 複式学級間接指導の役割と遠隔合同授業による学校力向上

1）複式間接指導の自律的ガイド学習と遠隔合同授業推進の基盤づくり

　間接指導では、教師がいなくても自分たちで授業を進められるように、自律的ガイド学習に取り組んでいる。このガイド学習は、学校内だけでなく、学校間の遠隔合同授業を発展させる上でも重要な資質となっている。遠隔合同授業は、教師が直接身近にいるわけではないが、いなくても遠隔合同授業の中で授業に画面越しでも参加できるのは、自律的な学習を進める習慣が身

についているからである。

　徳之島町の教師から見て間接指導の自律的なガイド学習が遠隔合同授業に役立っていると見える点は、「学校を超えた協働活動」「学校間の討論」「探究的な学習活動」「学校内の討論」「自律的な学級活動」「地域社会に関心をもつ態度」などにおいて活かされているととらえている。

2）遠隔合同授業における個々の児童の見取りとへき地の基本的な指導方法の尊重

　遠隔合同授業においては、画面の向こうの児童の見取りも重要な指導課題であるが、へき地教育で用いられている個々の子供のつぶやきや思考をとらえる個別最適な指導方法が、児童の思考過程等を把握する上で重要な条件となっていた。元々少人数であるために授業展開の中で児童の思考過程は丁寧に拾っているが、さらに児童の見取りはICT遠隔システムによって、思考過程を把握できるなどの見取りが強化されている。

　徳之島町では、児童の見取りを深めるために、教師達が心がけていることは、①「共通表示にして、ICTに書き込む個々の子供の内容を把握して、思考過程やつまずきをとらえる」、②「学校間の子供の発表を多くしたり、できるだけ全員の発表をするようにする」、③「少人数なので、直接指導の子供だけでなく、間接指導時や遠隔合同授業中の他の発言内容等を聞き取る」などの指導方法を心がけている。すなわち少人数での思考過程を、書き物・発表内容・発言内容、などから個別にとらえており、さらにこの見取りをICTツールを活用して遠隔合同授業においても、より個々の児童の見取りを高めている。

　さらに、へき地・小規模校の特性を活かした教育活動の促進について、「どの子にも発言の機会を与えるようにしている。人数が多くなりすぎると見取りも難しくなるため、極小規模校同士の遠隔授業はとても有効であると感じている」という教師の実感が述べられていた。そして「少人数だと多様な思考が出にくいので、遠隔合同授業で他校の児童と学習できるのは有効的」という評価も高い。以上のように、実際の学級経営や授業実践も含めて、ICT活用教育や遠隔合同授業を通して児童どうしの学ぶ姿や異年齢集団における

児童のトータルな成長をとらえており、一連の教育活動を通じて極小規模校における遠隔合同授業の教育効果が高いことが明らかとなった。

　以上、本章では、2021年調査で遠隔合同授業の課題を明らかにしたが、実はさらに一年が経過するとその困り感や課題の多くが改善されてきたことも2022年の教師の意識から明らかとなった。徳之島町の教師らは数年間の勤務を経て別の学校に異動することを前提として、一つひとつの授業実践を丁寧に記録化し、それを次年度に活かす取り組みや都度の研修で共有し、そのこと自体が後任教師の授業実践力の向上や学校力全体の向上にも繋がっていた。

　またICTを活用することで、児童の見取りを丁寧に行うことをさらに可能にした間接指導時の指導方法の改善にも発展していた。遠隔合同授業を実施することによって、日常的な授業公開となり、教師どうしの授業改善に直接転化していく学び合いと学校力の向上を自然に創出してきたと言えよう。

【注記】

注1.　北海道教育大学へき地・小規模校教育研究センター編『へき地・複式・小規模教育の手引 - 学習指導の新たな展開 - (改訂版)』2022年3月.

注2.　「ガイド学習」と「リーダー学習」については、間接指導の効率化を高めるために考え出された小集団学習の一形態である。児童の中から学習の案内役（ガイド）が教師の指導のもとで作成した学習進行計画によって、主として間接指導時の学習をリードしながら、共同で学習する学習形態である。また、学級内の児童を「学習のリーダー」として、学習を進める方法をリーダー学習という。リーダー学習実施上の配慮事項について、特定の児童に固定せず、どの児童でもリーダーができるように指導することや、児童にリーダーとしての役割や学習の進め方を理解させることが大切とされている。

注3.　調査対象は、徳之島町の「徳之島型モデル」実践校（徳之島型モデル実践校5校：母間（ほま）小学校・花徳（けどく）小学校・山（さん）小学校・手々（てて）小中学校・尾母（おも）小中学校）の小学校教師及び児童とした。ただし、教師については授業を担当する小学校教師を対象とし、小中学校に在職する中学校教師は含まない。当該校へ赴任するまでの勤務校数については、勤務校数1〜2校を若手教師、3〜4校を中堅教師、5校以上をベテラン教師に区分した場合、若手教師が8人と全体の約半数を占めたが初任者はいなかった。さらに、赴任前の複式学級担任経験の有無については、指導経験が無いと回答した教師が過半数を占めた。また児童への調査方法についてはアンケート調査紙による回答を基本とし、小学校低学年については、アンケート調査紙への回答が困難であると判断した場合に限り、対面でのヒアリング調査を実施した。なお、本調査は2021年12月6日〜2021年12月10日の期間で現地調査を実施し

た。調査結果の全編は、安田洋幸「ICT 活用教育における複式双方向型遠隔教育の可能性 - 「徳之島モデル」からとらえる ICT 活用教育の在り方と教育的効果 -」令和 3 年度学位論文（修士）北海道教育大学大学院教育学研究科 .2022 年 3 月刊行に収録されている。

注 4.　2022 年 10 月に実施した徳之島町調査では（徳之島型モデル実践校 5 校：母間（ぼま）・花徳（けどく）・山（さん）・手々（てて）・尾母（おも）の各小学校教諭）計 17 名による質問紙調査（回答方法は Google フォームによる WEB 上回答）に協力いただいた。

注 5.　注 4 に同じ。

【引用・参考文献】

・北海道教育大学へき地・小規模校教育研究センター編『へき地・複式・小規模教育の手引 - 学習指導の新たな展開 - （改訂版）』2022 年 3 月 .

・『令和 4 年度 山小の教育』徳之島町立山小学校 .2022 年

・『令和 4 年度 山小学校グランドデザイン（学校経営の全体構想）』徳之島町立山小学校 .2022 年

・『令和 4 年度 教育課程　母間の教育』徳之島町立母間小学校 .2022 年

・『令和 4 年度 教育課程　手々の教育』徳之島町立手々小・中学校 .2022 年

・『令和 4 年度 花徳の教育』徳之島町立花徳小学校 .2022 年

・『令和 4 年度 教育課程』徳之島町立尾母小中学校 .2022 年

column

極小規模校児童の心の支え

徳之島町立山小学校
校長　遠矢 美緒

　令和4年4月、新体制でのスタート。職員も子供たちも少しの緊張はあるものの、これからの期待に胸を膨らませた笑顔の新学期になるはずだった。極小規模校である本校の児童数は1・2年3名、3・4年3名、5年1名、6年在籍無しの計7名。問題は学級に1人になってしまった5年女児だった。毎日、目に涙をためながら、時には母親に連れられての登校。後追いする保育園児のように母親がいつ帰ってしまうか心配で、すがるような目で母親を見つめていた。5月頃には落ち着くだろうと高を括っていたが、6月になっても落ち着かず、夏休みを迎えてしまった。

　学校でも彼女を1人にしないためにできる限りの工夫をした。他学年との合同授業や朝の会帰りの会の合同実施。終いには、机や荷物まで3・4年教室に置いた。

　いくつかの取り組みが功を奏したが、中でも遠隔合同授業は大きかった。人と競うことに飢えている彼女にとって、遠隔合同授業は同年齢の子供たちのレベルを肌で認識する場になっているようであった。日常的に実施できている社会科は、彼女の一番苦手な教科である。他校の子供たちの博識な発言は、彼女にとっての大きな刺激になっているようだ。国旗に詳しい児童の発言がきっかけで、家に帰って詳しく調べたこともあると話してくれた。授業を参観すると、他校の児童に比べ発言回数は少なく、ずっと集中しているため授業が終了するとぐったりと疲れている。それでも彼女は、「社会科の遠隔合同授業は楽しい。」と言う。

　2学期に入り、遠隔合同授業も社会科以外に道徳や国語科など、不定期ではあるが増えてきている。5年生の彼女はというと、涙を浮かべて登校する日が2学期になって一度もなくなった。担任は勿論、他校の遠隔合同授業を積極的に進めてくれている教諭の先生方の努力に大きな敬意を払いたい。

　今回、北部四校合同研究会で本校の5年担任が遠隔合同授業の提案授業を行うことになった。今年、教師になったばかりではあるが、他校のベテラン教諭と毎日のように一緒に授業を作っているので、授業力も高まってきている。遠隔合同授業では、1人学級であっても主体的・対話的で深い学びが可能であること、極小規模校の児童の心の支えにもなっていることを伝え、その可能性をさらに探っていきたい。

3章

最先端の教育「徳之島型モデル」の
ICT 活用と環境整備

北海道教育大学へき地・小規模校教育研究センター センター員 佐藤 正範

1 できるところから始めた ICT 活用 [黎明期 2014-2015 (H26-H27)]

(1) タブレット PC を GIGA スクール構想に先駆けて導入

GIGA スクール構想により全国の公立小中学校へコンピュータ端末の貸与が進んだのが 2020 年度だが、徳之島町ではその 6 年も前の 2014 年度から教育委員会の研究テーマに ICT 活用が設定されたことがきっかけとなり、タブレット PC の貸与と教室への大型ディスプレイの設置が独自に進められた。当時のタブレット PC の活用方法としては、複式学級における「ずらし」時の授業改善を図るための計算ドリルソフトの活用が主であった。その後、ドリルソフトだけではなく独自のデジタル授業教材を開発し、ずらし時の反転学習へも踏み込む複式授業を展開する際にもタブレット端末は有効活用されている。

また、大型ディスプレイの整備に加えて、児童の端末画面を共有する機能を導入するなどソフト面の整備は進んでいたが、当時の通信環境面の弱さは利用促進の足かせとなっていた。その限られた状況の中で、徳之島町の先生たちは ICT 活用を試行錯誤し、チャレンジをしはじめた時期となった。

デジタル教材をずらし時に活用（2015）

(2) 学習状況の把握によって一人ひとりのつまずきに対応

タブレット PC 導入の初期段階の中で、積極的な ICT 活用となったのが「ドリルソフトの活用」であった。タブレット PC 整備後に開催された研究会記録等では、基礎基本の定着を図る本来のドリル教材の効果に加えて、「学習把握が容易である利点」がクローズアップされている。具体的には、「子供たちの学習定着度を教師側が把握し、具体的な手立てに結び付けられる部分などの成

果が大きい。」と報告されているように、徳之島町では、ICT 活用の導入段階で「学習情報」を有効活用していた。これは、近年注目されている文部科学省が注目する「キャリアパスポート」に繋がる先駆的な取り組みであった。

表計算ソフトで作ったドリル教材（2015）

（3）ICT を日常使いしていくスタンスの共通理解

　2015 年頃は全国の公立学校へのコンピュータ教室の整備を終えた時期である。多くの学校のコンピュータ教室は「授業での利用」が原則であったために通常は施錠され、子供たちが自由にコンピュータを使うことができない状況であった。その中にあって、徳之島町ではタブレット PC の導入と、子供たちへの積極的な日常利用を促していた。

休み時間にタブレット PC を使う児童
（2014）

　また、徳之島町では 2009 年から教育支援活動「学士村塾」が立ち上げられ、毎週土曜日ごとに地域のボランティアによる児童生徒の学習支援が続けられている。特に、小規模校の子供たちにとって、学校外で他校の子供たちと交流したり学び合ったりできる「学士村塾」の存在意義は大きく、小規模校のほとんどの児童生徒が参加している状況である。

現在も続く「学士村塾」
2009 年から小中学生の学力向上を目的に開講。2022 年度は土曜日の午前 3 時間実施。島内 7 会場約 160 名の児童生徒が参加。講師は学識経験者や町職員が担当する。

そして、参加する多くの子供たちは学校から貸与されたタブレット PC を学士村塾に持ち込んで積極活用をしている。このように、子供たちが環

境を問わずにタブレットPCを使える環境ができたのは、学校や学士村塾を管轄する教育委員会が「教育活動においてタブレットPCを積極的に使っていく」方針を共通理解しながら活動の枠組みをつくることができたのが大きな理由である。このように、「遠隔合同授業」の取り組みが始まる以前から、児童と教員、そして自治体（教育委員会等）が協力し、「ICTを日常使いしていくスタンス」を共通理解しながら施策を進められたことが、学校教育におけるICT活用を推進していく土台となったと言える。

2　学習インフラとしてのICT環境の構築 [萌芽期 2015-2017 (H27-29)]

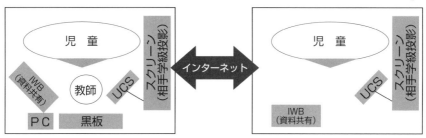

授業者クラス側のICT環境　　　　　　　　　接続相手クラス側のICT環境

UCS　　　　　：クラスの様子を撮影して共有する。
スクリーン　　　：接続相手クラスの様子を投影する。
Webカメラ　　　：資料掲示等を撮影し接続相手校へ送る（当時はSkypeを利用）
電子黒板（IWB）：資料等の映像・接続学級の様子を投影し学習情報を共有する。

遠隔合同授業のICT環境モデル図（2015年頃）

(1) 交流の場をつくるICT活用　〜「遠隔合同授業」のはじまり〜

　日本中の地域のほとんどでは、少子化に伴う学校の統廃合が進められている状況である。しかし、ICTを活用した「遠隔合同授業」によって、生徒数が少ない学校同士を結び、豊かな児童の交流を保障していくという取り組みが2015年の2学期から徳之島町で始められた。

　同町が文科省委託実証事業「人口減少社会におけるICTの活用による教育の質の維持向上に係る実証事業」に採択された事が「遠隔合同授業」の取り組みのきっかけとなったのだが、その背景には徳之島の地域を繋ぐインフラ「F@

CE NET（つらねっと）」が 2010 年頃から既に整備するなど、地域振興のためのインターネット活用に積極的であった地域性と、既にタブレット PC の利活用を進めてきた学校現場の柔軟性などをもつ徳之島町の土台があった。

左上：IWB　右下：UCS

（2）教室と教室を繋ぐ「オンライン会議システム」

　遠隔合同授業は、遠隔関係にある複数教室をオンライン会議システムで繋ぐ事が基本となる。既に、教育委員会等にはオンライン会議システム「RICOH Unified Communication System（以下 UCS）」が整備されていた事もあり、学校での遠隔合同授業の開始当初は、UCS を利用することとなった。UCS の利点は、アカウントや機器の登録・管理がクラウド上で一元化されていることで、遠隔合同授業を行う相手教室とのオンライン接続が容易になる点が挙げられる。

UCS を使った情報共有

（3）大型の電子黒板で情報共有

　UCS に加えて、大型の電子黒板「RICOH Interactive Whiteboard（以下 IWB）」も導入された。大画面を生かした教材提示や、接続しているクラスの様子などを IWB 上に映し出すことができるため、遠隔の教室同士が画面越しに繋がることが可能になる。児童生徒のタブレット端末の画面を共有する授業支援ソフトも導入され、必要に応じて IWB 上で表示させることも可能となった。また、大型スクリーンとプロジェクターを組み

IWB に映る資料と接続相手校

合わせた投影装置も併用されているが、この当時は、主にお互いのクラスの状況を映す用途として使われている。

（4）ICT を使った反転学習が効果を上げる

2016 年 1 月 28 日に母間小学校で行われた公開研究会では、様々な取り組みに関する成果と課題が出されている。

成果

「児童たちの授業への興味・関心が高まった」「複式学級では大変効果的」「予習型学習スタイルが身に付いてきた」「練習問題は子供自身で丸付け（採点）ができ、複式学級で大変効果的」「つまずいた問題がひと目で分かり、それに応じた授業展開ができた」

課題

「タブレット端末のダウンや通信トラブルなどが頻繁に起き、授業が妨げられることが多かった」「ハード面整備が先行、学習ソフトやデジタル教科書などソフト面の運用が遅れた」「児童の発達段階や障害の状況、特性などに即した指導が必要」

特筆すべきなのが、「予習型学習スタイル」と「ドリルソフトでの自身での丸付け（採点）」に関する参会者からの評価があることで、2016 年段階で既に ICT を活用した反転学習を小学校で日常的に導入していた事が読み取れる。さらに、先に述べていた「ドリル学習」と「ポートフォリオ」を組み合わせることで、反転学習の習熟状況も担任は把握することができ、その状況に応じて、各担任はより子供たちの実態に合った学習内容・授業計画を組み立てることができていた。反面、課題であったインターネット環境等については、変わらず帯域の細さが起因するトラブルが起

当時の公開研究会の様子

きている状況も多く、さらなる回線の高速化が求められていた。

3　授業改善のための ICT 活用へ [発展期 2018-2020（H30-R02）]

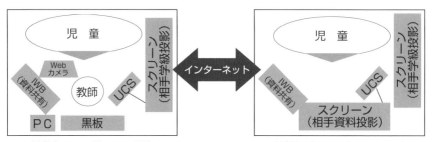

授業者クラス側の ICT 環境　　　　　　　　接続相手クラス側の ICT 環境

UCS	：クラスの様子を撮影してリアルタイムに共有する。
スクリーン	：接続相手クラスの様子を投影する。
Web カメラ	：資料掲示等を撮影し接続相手校へ送る（当時は Skype を利用）
電子黒板（IWB）	：資料等の映像・接続学級の様子を投影し学習情報を共有する。
黒板	：板書づくりのために利用。Web カメラで撮影し Skype で全体共有する。

遠隔合同授業の ICT 環境モデル図（2018 年頃）

(1) インターネット環境・PC 性能の向上による利便性の向上

　この時期はインターネットの光回線も広く普及してきた時期である。より高速な通信が可能となり、高性能なコンピュータやソフトウェアが導入されるようになったため、徳之島町でもこれら ICT 環境の向上によって遠隔合同授業の質が上がってきた時期である。

(2) 鮮明な映像で資料を共有

　教室全体を UCS で共有することに加えて、Web カメラと MicrosoftTeams（当時は Skype を使用）を組み合わせることで、黒板やそのほかの資料等をより高精細な映像で接続相手クラスと共有することが可能となった。

　遠隔合同授業の実施については、この頃になると環境面でのハードルも下がり、教員側の研修・マニュアル等の充実も図られたことで、実証事業が終わってからも日常的な活用が続くこととなる。また、小学校でのプログラミング教

育の必修化に対応すべく、東京の
企業と徳之島町の連携で「若年層
に対するプログラミング教育の普
及推進」事業を行っているが、メ
ンター育成や模擬授業等でも遠隔
合同授業のノウハウが生かされて
いる。

プログラミング教育普及推進事業の様子

(3) コロナ禍でのタブレット端
　　末の持ち帰り等の取り組み

　2020年春の新型コロナウイルスの流行によって、全国の学校が臨時休校と
なった。早くからタブレット端末を貸与していた徳之島町は、遠隔合同授業の
ノウハウが既に蓄積されていたため、家と学校を結ぶオンライン授業をスムー
ズに実施することができた。しかし、家庭によってはWi-Fi環境が整っていな
い場合もあったため、貸与端末にドリル素材・宿題資料等をダウンロードした
ものを持ち帰ってもらうことで、インターネット環境が無くとも、家庭での学
習が滞らないような配慮を行っている。

4　「令和の日本型学校教育」を先ゆくICT活用へ [革新期2021-（R03-）]

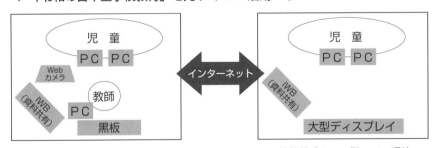

遠隔合同授業のICT環境モデル図（現在：2022年頃）

（1）GIGA スクール構想による端末の更新

　GIGA スクール構想による端末貸与は、全国の小中学校の ICT 環境整備を大きく進めた反面、その準備などは大変な負担となっていた。だが、徳之島町においては、既に使用していたタブレット端末の更新という意味づけであったため、全国各地で起きた環境整備に関するトラブルはほとんど見られなかったようである。そして、より高性能な新しいタブレット端末の貸与とネット環境の高速化によって、Web カメラでのより高精細な映像を遅延なく送受信できるようになり、UCS でクラス同士を繋いでいた遠隔合同授業の形もタブレット端末を使った個別接続へと、学習環境は改善していくこととなる。

（2）精細な映像による学習環境の改善

　旧来は UCS で撮影したクラス全体の映像を接続相手の学級のプロジェクターで投影したり、IWC で資料を共有したりする状況だったが、新しいタブレット端末の児童生徒それぞれの個別使用によって、個々のタブレット端末の画面上で全ての情報の共有が可能となった。その利点を以下に挙げる。

以前：スクリーン投影による映像

現在：タブレット端末の精細な映像

◎ Web カメラの高性能化により子供たちそれぞれの顔が鮮明に映るようになった。

◎マイク付きヘッドフォンを使用することで、子供たち一人ひとりの発言やつぶやきが鮮明に聞こえるようになった。

◎資料共有の画面も一元化されることで、視線の移動が少なく、情報がはっきりと共有される。

(3) ICT ドリル教材のデータを有効活用する

　徳之島型モデルの ICT 活用の根本を支えているのは、データの利活用である。タブレット PC を導入した当時から、子供たちがクラウドサービスの ICT ドリル教材を活用することで学習履歴や理解度のデータが蓄積され、児童生徒は自分たちの学習理解度を把握したり、苦手な内容を繰り返し確認したりすることで、自分自身の理解度を客観的に理解することができた。それによって学校での学び方などを調整するなど、学習への意欲の向上に繋げる効果があった。また、教師側にとっても利点があった。子供たちの学習状況や理解度を把握することができるので、個別指導を含めた学習内容のカスタマイズを行っている。ICT 活用を全体的に促進してきた結果、全国学力テストでの得点上昇に繋がっているが、その中でも特にデータの有効活用による学習意欲向上の効果は大き

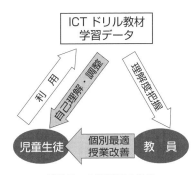

学習データ利活用の効果

いと言える。ドリル学習等で生成されるデータの利活用は、直接的にも間接的にも児童生徒の学びを支える土台となっている。また、遠隔合同授業においても、遠隔の学校の児童生徒の学習状況をクラウド上の学習データで把握することが可能であるため、徳之島町では、より積極的な学習データの利活用が進んだと言える。

(4) Web 共同編集ノートの有効活用

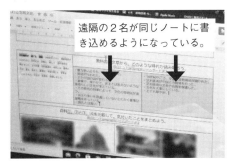

　ICT ドリル教材の利活用を経て、現在の徳之島型モデルでは、授業中の児童生徒の学習記録を残す場所として、「Web 共同編集ノート」を利用するようになっている。

Web 共同編集ノートの例 小6 社会

上記の例では、担任が共同編集可能な Google ドキュメント上に Web 共有ノートを作成している。図示の通り、資料の提示に加えて、遠隔合同授業に参加している児童生徒がノートとして書き込むスペースが用意されている。データ利活用の面からも Web 共有ノートは利点が多いため以下にまとめていく。

◎児童生徒同士がお互いの考えをノート越しに共有することができる

　紙のノートでは記入後にノートを見せ合うような場面設定が必要であるが、Web 共同編集ノートはリアルタイムに共同編集を行えるために、記入の過程から友達とデータを共有することができる。

◎教師が遠隔合同授業に参加している子供たちの考えや理解度を把握できる

　ICT ドリル教材と同様で、クラウド上のデータとして児童生徒の学びの記録が集約されるため、遠隔であっても担任は子供たちの考えや理解度を把握することができる。

◎学習データの蓄積・利活用が可能

　クラウド上に記録されたデータは、時間や教科を問わずに、いつでも参照することが可能になる。学校では多様なクラウドサービスを利用している状況もあるが、データの集約は一元化しておくことで、利便性が大きく高まるはずである。また同じアカウントを使用することができるのであれば、学年を超えても前年までのデータにアクセスすることができる。

◎持ち帰り学習時にも学校と同じノート環境を利用することができる

　家庭への持ち帰り時にも、同じプラットフォーム上に担任が課題等を出すことで、授業時と同じ感覚で家庭学習に取り組む事が可能となる。

5　徳之島型モデルから見えてくるこれからの ICT 活用

(1) 学習データの蓄積と有効利用が鍵

　文部科学省では、学びの履歴であるポートフォリオを蓄積して活用を行う「キャリアパスポート」を推奨している。キャリアパスポートとは、文部科学省の事例では小中高の 12 年間を通して蓄積した学習データを振り返りながら活用していくことで、自身の成長や、未来への歩みを選択していく時の土台となるプラットフォームと位置づけられている。

　徳之島町の ICT 活用の良さは、学校でのデータの利活用に積極的である事

や、各学校や教員での試行錯誤やチャレンジが認められている学校環境、キャリアパスポートの利活用に向けた準備の1つ「データの蓄積」ができていることが挙げられる。また、現状では MicrosoftTeams や GoogleClassroom 等の学習プラットフォームを自由に活用できる状況であるが、学校種間で、データを蓄積していくプラットフォームを共通化していくことは、データの利活用の幅が大きく広がるだけでなく、児童生徒が進学した際にも迷わずに ICT を活用した学習を継続していける良さがある。また、学校や教員側からすると、児童生徒の学びの蓄積を追ったり、12年間を見据えた学習内容の設計を組み立てたりすることも可能となるように、多くの利点がプラットフォームの共通化で生まれるとも言える。教師側、児童生徒側の学びの選択肢を狭めないような配慮をしつつ、学習データの蓄積先の一元化を学校種間で進めていくことは、徳之島型モデルをさらに発展させる可能性を秘めている。

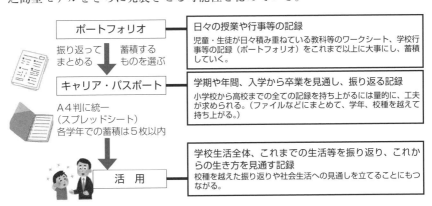

キャリアパスポートの事例（町田市教育委員会）

(2) 学習ログを紐解く教師の関わりへ

　GIGA スクール構想で全国的に学校教育での ICT 活用は大きく進んだと言える。情報共有ソフトで学習を進め、Web 共有ノートにまとめていくような新しい学習スタイルも徳之島型モデルを筆頭に、各地で実験的に行われるようになってきている。教師の児童生徒への関わり方も教授型から支援型へとシフトしている状況であるが、徳之島型モデルから見える、これからの教師の関わり方について提案していきたい。

以下に示すのは、本書の研究同人の学校の先生方に協力いただいたアンケートから「ICTを活用していく目的はどのようなことですか？」という設問に対する回答結果である。

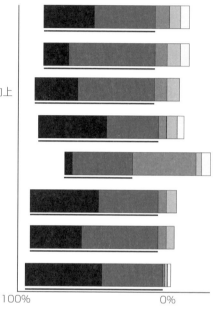

■5 強い ■4 少し強い ■3 普通 ■2 少し弱い □1 弱い

授業内での協働性の発展

授業内の活動時間の節約

授業内の表現力・コミュニケーション力の向上

授業内の全員参加型活動の発展

普遍化・理論化の思考過程の発展

図式化・見える化の発展

思考ツールを活用した思考力の発展

情報収集力・探究力の向上

100%　　　　　　　　　0%

質問：ICTを活用していく目的はどのようなことですか？の結果
※下線部は5強い・4少し弱い　を合わせた回答割合を示す
※1弱いと答えた回答は無かった

　5強いと4少し弱い　の回答の合計が約90%を占めていることからも、徳之島町の教員のほとんどが、ICT活用が教育効果全体に有効的であると考えていることがわかる。特にポジティブな回答となったのは、「授業内の全員参加型活動の発展」「授業内の表現力・コミュニケーション力の向上」「図式化・見える化の発展」「情報収集力・探究力の向上」となった。遠隔合同授業をはじめとするICT活用の取り組みを早くから進めてきた徳之島町の先生方の意見として、「コミュニケーション・情報活用の質向上」にICT活用の効果があるという結果が出たことは大きな知見である。

また、有効性をあまり感じないと答えた質問が「普遍化・理論化の思考過程の発展」であったが、実は、昨今の学校における ICT 活用で重要視されてきているのが「思考過程」と言われている。GIGA スクール構想以降、端末上に児童生徒が考えをまとめる事が簡単にできるようになってきた反面、児童生徒の思考過程を教員側が読み取ることが難しいと言われている。画面上の成果物・まとめのデータに対して、「どうしてこのように考えたの？」「なぜ、こうまとめたの？」と教師が切り返す発問をしていく事で、児童生徒個々の「思考過程」を自覚させ、「過程も残していくこと」が学びの質を上げることに繋がる。学習ログを紐解く教師の関りを大事にしていくことで、徳之島型モデルだけでなく各自治体の ICT 活用はさらに発展していくはずである。

(3) 徳之島型モデルの ICT 活用のこれからの可能性

　ここまで、徳之島町の学校教育における ICT 環境について、導入された経緯から過程をまとめてきた。教育への ICT 活用推進の状況は残念ながら自治体ごとに差が出ているが、徳之島町が大きく推進できた理由は、行政と学校に関わる人々が、「ICT 活用で教育がより良くなる」という確固たる信念とコンセプトの共有ができていることが挙げられる。さらに文部科学省や企業との研究や発信を通して、学校や教師が存分にチャレンジできる環境があったことも大きいと言える。文部科学省では学習ログの活用・情報活用能力の育成というキーワードを挙げて、今後の学校教育の在り方を示しているが、徳之島型モデルの先進的な取り組みはそれらのキーワードを包含できる可能性を秘めている。また、既に日常的なインフラとなった「遠隔合同授業」は、ICT 活用・GIGAスクール構想の最先端を行く取り組みである。ICT 活用で教育革新へ突き進む徳之島町の挑戦が、今後も全国から注目され続けることは間違いない。

4章

協働的な学びと個別最適化を目指した 遠隔合同授業の実際

北海道教育大学へき地・小規模校教育研究センター センター員 前田 賢次

1 「徳之島型」による遠隔合同授業

　徳之島町の遠隔合同授業の契機は、複式極小規模校の子供たちに多様なものの見方、考え方を保障し、学習集団による練り合いを授業で実現することにあった。以下に紹介する 授業1 は 2017 年に、授業2 は 2021 年に実施されたものである。授業概要から、異なる学校における学級間の、遠隔合同授業をイメージしてほしい。

　授業1 は徳之島町が 2015 年の文科省委託事業「人口減少社会における ICT 利活用による教育の質の維持向上に係る実証事業」を総括する時期に行われており、同時期は「徳之島型小学校モデル」を策定している。

　授業2 は、2021 年 2 月 9 日、四校合同公開研究会・徳之島三町複式・極小規模校部会研修会時の公開研究授業の 1 つである。「徳之島型」による遠隔合同授業像の現在をとらえることができよう。

授業1 6年・国語科　学級討論会「小学生にもスマートフォンは必要であるか」

　授業者は母間小学校（当時）の赤崎公彦教諭で、同時期の徳之島方式によるICT の教育利活用の中核的な役割を果たしている。

　授業はテレビ会議システム（UCS）を用いて母間小から花徳小へ配信され、両校共に児童数は 6 人ずつの計 12 人が対象である。以

遠隔学習を行う活動や場面
・テレビ会議システムを用いて、2 校で肯定、否定の立場に分かれ、学級討論会を行う。
・電子黒板を用いて、話合いの内容を視覚化し、話合いを活発化させる。
そのときの意図やねらい
・話合いや議論を通じて、自分の考えを深められる。
・発表する機会をつくれる。
・学習意欲や相手意識を高められる。
・コミュニケーション力や社会性を養える。
・複式学級での面接指導の時間を増やせる。

（2017　赤崎）

下、ディベートの授業の冒頭部分のみ示す。（Ｔ：教師、Ｃ：全員、Ｃ○：花

徳児童）

T：今日は「小学生にスマートフォンが
　　必要であるか」という議題で、花徳小
　　と母間小で学級討論会をやっていきま
　　す。わかりましたか？

C：はい

T：では、役割を分担します。今日は花
　　徳小に否定グループをしてもらいます。
　　母間小は肯定グループをやってもらい
　　ます。つまり花徳小は「必要じゃない
　　よ」っていう方ですね。母間小は「いや、
　　必要だよ」っていう形で発表してもら
　　いたいと思います。

授業の導入部（母間小側）

否定側の最初の否定場面（花徳小側）

C：はい。

（中略）

C○：僕は小学生にスマートフォンは必要ないと思います。理由は２つありま
　　す。１つ目はスマートフォンを使うとお金がかかるからです。２つ目はス
　　マートフォンばっかり使って勉強に集中できなくなるからです。これで最
　　初の主張は終わります。

（拍手）

CL：これで母間のグループの初めの主張が終わりました。花徳のグループの
　　人はどんな質問をするのか相談してください。相談の時間は15分です。（以
　　下略）

授業2 6年・国語科　伝えたいことを明確にして書き、読み合おう「思い出を言葉
　　　に」(2/7)

　授業者は母間小学校の新宅まき教諭である。授業は母間小から花徳小へ配信
されている。全6時間の単元計画のうち本時は2時間目に当たる。遠隔合同授
業は児童が交流・発表する場面の3時間が計画され、合同での場面としては最

単元計画

時間	学習活動
1	・6年間の思い出の中から、伝えたいことを明確にして詩などの形式を選び、書く学習の見通しをもつ。 ・小学校生活を振り返って、印象に残った出来事を出し合う。
（本時）	〔遠隔合同授業①〕 ・印象に残っている出来事について思い出し、自分にとっての意味や価値などを考えて、伝えたいことを書き出す。
3	・さらに詳しく思い出し、何を中心にして書くか考え整理する。
4	・表現する形式を決め、学級全体でどのような形でまとめるのかを確かめる。 ・伝える内容を簡単に文章にする。
5	・表現を工夫して選んだ形式にまとめる。
6	〔遠隔合同授業②〕 ・友達と読み合って感想を伝え合い、推敲して清書する。
7	〔遠隔合同授業③〕 ・仕上げた作品を遠隔合同授業で発表し合い、感想を伝える。 ・学習のまとめをする。

本時の実際　　●指導者の動き

過程	学習活動の流れ（6年）	5年	6年	時間	支援，評価，ガイドの動き ★ICT機器活用　◎評価
つかむ・みとおす	1　前時の学習を想起し、学習計画をもとに本時のめあてを立てる。 2　本時の学習のめあてを確認する。 作品にする題材は、どんな観点で選ぶといいのだろうか。 3　学習の流れを確かめ、見通しをもつ。	課題提示	課題提示	10分	★電子黒板　　TPC 準）学習計画　ワークシート ・前時に各校で自由に書き出した思い出から3つくらいに絞った出来事の中から、さらに作品にする題材を選ぶ学習であることを確認し、期待感と見通しがもてるようにする。
調べる・深める	4　集めた写真や資料をもとに、書きたいことについて詳しく思い出し、題材を絞り込む 　(1) 学習の流れを確認する。 ・まずは各自でじっくり考えた後ガイドを中心にペア⇒全体での学習へと進める流れを理解する。 　(2) 1人で考える。 ・候補の題材についてそれぞれ詳しく思い出し、感じたことや考えたことをワークシートに書き出す 　(3) 友達と意見交換をする。 ・カメラで撮影したワークシートを共有し各校でどんな質問をするとよいか話し合ったあと、グループに分かれて質問したり、意見をもらったりする。時間を決めメンバーを交代する。 　1・2班…母間①花徳①×2（Zoom） 　3班…母間③（直接） 　(4) 全体で確かめる。 ・電子黒板に、各校の意見を書き込み共有する。 5　作品にする題材を決めるためには、書き出したものの中からどんな観点で選べばいいのかについて話し合う。	課題解決・練り出す　まとめ	課題解決・学級内発表　練り合い・まとめ	25分	・1人で考える時間を大事にし候補題材について詳しく思い出し今の自分にとってどんな意味や価値があったかなど感じたことや考えたことを書き出させる。ガイドは時間を指示する。 準）写真や日記・作文など ・ガイドを中心にペアやグループで話し合ったり相談し合ったりする中、候補の題材の中から使いたい題材を絞っていけるようにする。 ★WinBirdを活用し、思いや考えを共有できるようにする。 ・複数の友達と意見交換できるよう、時間を決めて交代させる。スムーズに交代できるようにメンバーや順番を事前に決めておく。 ★電子黒板ホワイトボード機能を用いて、表現したい思いや大事な視点など感じたキーワードを各校同時に書き込み、話し合う。 ・短い表現形式を用いることを踏まえ、一枚の写真のように切り取ることができるような場面を選び伝えたいことが何か明らかにするといいことを助言する。
まとめる・ひろげる	6　本時のまとめをする。 心に強く残っていることや、自分にとって大きな意味を感じている出来事で、伝えたいことの中心がはっきりしている題材を選ぶ。 7　まとめた観点をもとに作品にする題材を選び、書き出したものの中で、自分が作品に盛り込みたい内容は何か考える。 8　今日の学習を振り返り、Googleフォームに入力する。その後、次時の学習について見通しをもつ。	まとめ　振り返り	振り返り	10分	・話し合ったことをもとに、どんな観点で題材を選ぶといいと考えたかを自分の言葉でまとめる。 ◎作品にする題材を選ぶ観点について考え、伝えたいことの中心がはっきりしている題材を選ぶとよいことに気付き、伝えたいことを明確にすることができたか。〔発表・ワークシート〕 ・選んだ題材について「～～を伝えたいから○○のことは必ず入れたい。その時の◇◇な気持ちと△△な様子を盛り込もう」のように切り取る場面や内容についてそれぞれが明確にできるようにする。 ・選んだ題材で思いを作品に表現する意欲が高まるようにする。 ・振り返りを評価と指導に生かすことができるように共有する。

（4）評価　作品にする題材を選ぶ観点について理解し、伝えたいことを明確にすることができたか。

初の授業である。

　遠隔合同授業の本体部分はテレビ会議システム（UCS）が用いられ、小グループでの学習活動には1人1台の端末をZoomで繋ぐ場面も設定されている。児童数児童数は母間小7人、花徳小2人の計9人である。

○「学習の流れを確認する」場面（一部抜粋）

（T：教師　ＣＬ：母間・学習リーダー、Ｃの○・◎母間児童、△・□：花徳児童）

T：友達がなんの話題を取り上げたかなというところを見てください。例えば「いいね」、「誰と一緒のところがありました」とか、「こんなところに気づきました」とかいうところを教えてください。

ＣＬ：まず、好きな題材から一種類に絞ります。絞った題材について詳しく思い出して書きましょう。7分で詳しく思い出して書いてください。

T：ヒントカードがありますか？友達の発表を聞いたら、カード

学習の流れ確認場面。画面左のモニターにヒントカード、右のモニターに花徳小の映像が映されている。（母間小側）

を参考にして質問をするようにしてください。カードを上手に使って友達が何を言いたいと思っているのかを、自分がわかるように質問をしたり、説明をしたりしてください。

○「友達と意見交流をする場面」（一部抜粋）

Ｃ△：私は6年間最後の運動会で大きな声を出して頑張った応援合戦で優勝して、とてもワクワクしたことです。4年生のときに勝って、小学校生活最後の運動会では負けたくなかったからです。

　　　1つ目は修学旅行で初めて大久保利通の像を見て興奮して、すごく大きかったことです。2つ目は友達と一緒に大久保利通の像の前に立つと、私たちよりも何倍も大きくてびっくりしたことです。3つ目は、秋の一日遠

足で伊仙町に行っていろいろなことを学んだことです。一年生の時は遊ん
だことは楽しい事でした。行ったことがなかったので印象に残っています。

C□：二度とないようなことで、忘れられないことを書きました。小学校生活
最後の持久走で去年より記録が上がっていて嬉しかったです。

C○：もう1つお願いします。

C□：クラブでバスケットボールをしていて、ゴールに入れて・・あまりゴー
ルに入れたことがなかったので、とてもうれしかったです。

C△：感想お願いします。

C◎：運動会で優勝した時、□さんはどう感じましたか（以下略）

小グループでの交流場面。各児童の端末を
Zoom で繋いで発表と質疑を行っている。
（母間小側）

小グループの発表後に電子黒板（UCS）に
意見を書き込み全体で共有する場面。
（花徳小側）

2　新たな展開としての極少人数の学級間の遠隔合同授業

「徳之島方式」と並行して近年、尾母・山・手々では、高学年の算数・社会科・
理科の授業で、毎日のように遠隔合同授業が取り組まれてきている。そこには
極々小規模校の学年に1～2人の児童たちに、ふれあいや交流による学習活動
を構想し、子供の学びの姿と成果から確信して
きた、学校を超えた教師たちの新たな取り組み
を見ることができる。

　以下に示すのは 2022 年 10 月 3 日の 5 校時
に実施された 2 つの授業の概要である。 1 つ
目は町内の 3 学校を繋いだ 5 年生の 授業4 、
2 つ目はやはり 2 学校を繋いだ 6 年生の 授業3
で、いずれも社会科であり、それぞれの学校の

	児童数	
	5年	6年
尾母小学校	2	1
山小学校	1	
手々小学校	1	1
計	4	2

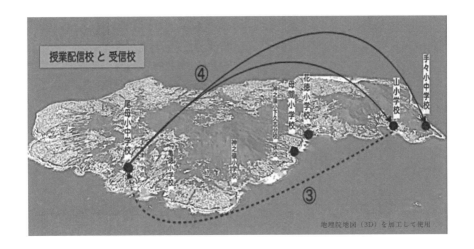

授業配信校 と 受信校

④

⑤

③

地理院地図（3D）を加工して使用

1つの教室内で同時に進行している。これら授業ではプラットフォームとして
Google meet での遠隔映像と音声、Google ドキュメントとによる資料配布と
描き込み、補助教材の配布は Jamboard を用いている。児童はクロムブックを
個別に用い、高性能のマイクとヘッドセットを導入したことで、教師も児童も、
相手校の児童のつぶやきまで拾うことができる。

授業3 6年・社会科・「今に伝わる室町文化」(1/3)

　本授業は単元計画全6時間のうち、導入の1時間目に当たり、単元の学習計
画を立てる場面である。授業者は大寺宏司教諭。教員歴16年、現在は三校目
で手々小に赴任して4年目のベテランである。大寺教諭は同行のICTの教育
利活用の中核的な役割を果たしている。

配信校（手々小）

受信校（尾母小）

❶教科書の文章からどのような時代か読み取ろう（T：教師　C○：尾母児童、
C□：手々児童、C：全員）

T：今に伝わる室町時代の文化、室町文化です。何年前？

C□：500年前です。まあまあ前です。

T：700年から550年ぐらい前だけど、今日の私たちの今の生活文化に繋
　　がっていることを理解していきたいと思います。

C：はい

T：学習計画は全部で3時間になっています。今日のめあては？

C□：教科書開いていいですか？

T：いいです。 ○さん、字は見えますか？ 　　　相手校の児童に黒板が見え
　　　　　　　　　　　　　　　　　　　　　　るか確認。

C○：はい。

C□：今まで何だったんですか？

C○：鎌倉。

T：今まで鎌倉時代だよね。

C□：平氏の時はいつですか？

C○：平安。

T：平安と鎌倉の間ですね。鎌倉時代は終わった、ということは鎌倉幕府は？

C□：終わりました。

T：では最初のドキュメントに教科書59ページの最初の段落から、次のドキュ
　　メントの金閣、銀閣、書院造のところに、教科書から、どのような時代かを
　　読み取って箇条書きで書いて欲しいと思います。

C：はい。

T：今日から新しいヒントカードを準備しました。 Jamboardを開いてみてく
　　ださい。そこに社会科で大事にしてほしい視点と考え方を三種類に分けて示
　　してあります。
　　　　①空間的な広がりを見る
　　　　②時間の経過、いつか
　　　　③事象・出来事・人々の相互関係、例えば、頼朝と義経の関係。
　　　資料を読み取って、これはどういうことだろうというときに、この考え方

とか見方を大切にすると書きやすくなると思います。

今からやってほしいのは、「教科書の文章からどのような時代か読み取ろう」のところで、「どこに幕府が開かれたのか」、「いつできて」、「どんな人とどんな

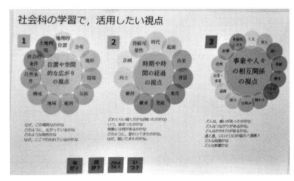

Jamboard のヒントカード。電子ノートとしてのドキュメント教材とリンクして作成しているので、児童はワンクリックで見ることができる。「小学校　社会的な見方・考え方の視点」（Note & Board）を加工して使用。

人が関係しているのか」、こういう視点でドキュメントに書いてください。もちろん、視点と関係なく、気づいたことを書いてもいいからね。

C：はい。

T：書き終わったら、自分が書いたものがさっきの視点のどれに当てはまるか見てみよう。

```
　結構、当てはまっているよ。③が多いかな。
うんうん、前の時代と違いもね。なるほど、なるほど。
```

児童がドキュメントに書き込んだことを頻繁に見ながら声かけをする。いわば遠隔机間巡視である。

さらにドキュメントの記述を見ながら教師が整理する。

T：はい、じゃあお互い書き込んだものを見てください。　はい、いつ、どこ

にというのがいいですね。鎌倉時代よりも京都は正に朝廷のあるところですよね。

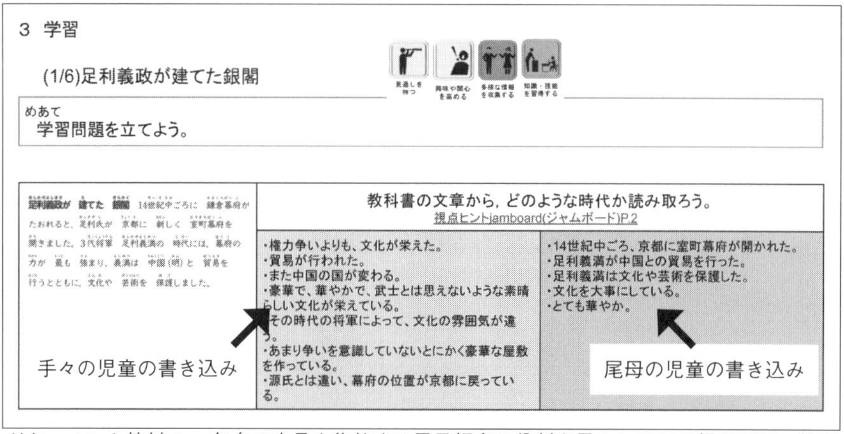

ドキュメント教材1　各自の意見を集約する電子板書の役割を果たしている提示画面。教室の板書にも同様の表で整理されている。

C□：はい、源氏は朝廷との距離を・・心の距離まで覚えていた。今回は首都みたいなところに来ています。

T：鎌倉時代はなぜ、鎌倉にしたのたかな？

C〇：えーと、巻き込まれないように。

C□：朝廷との権力争いに巻き込まれないように・・・

T：権力争いと距離を置きたかったらでしょう。今回は？

C□：今回は・・・・

C〇：今回は・・・してないよ

T：今回は権力争いが・・・

C□：無くなった。

T：もう武士が治めている世の中になったんでしょうね。どうして鎌倉時代が終わったと思います？

C□：御恩と奉公の関係が崩れた。

T：そうでしたよね。そこで出てきた武士が何氏でしょう？

C□：足利氏。

T：そうですね。足利義満という名前が〇君の書いてくれた方にありますけど、

第三代ですね。開いたのは足利尊氏という人ですね。第三代の将軍になります。教科書には出ていないので知らなくても構いません。大体の時代背景がわかりますか？　文化とか大事にして・・芸術、華やか・・・・。

C□：この人は文化が好きだったから京都に行ったんですか？

T：この人たちが京都に文化を根づかせたかもしれないし。都だからなのかわからないけれど・・。

　　大体の時代背景、どんな時代がわかってきましたか？

C：はい。わかりました。

❷今に伝わる鎌倉文化を考える

T：文化といったら建物がありますね。建物を見てみましょう。教科書の資料１から４を調べて気づいたことをドキュメントにまとめてほしいと思います。時間があれば、金閣寺・金閣寺のNHKフォースクールを見てくれてもかまいません。はい、どうぞ。

C○：この（資料の）下のところでいいですか。

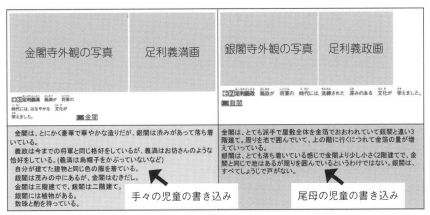

　ドキュメント教材２　各自の意見を集約する電子板書の役割を果たしている提示画面。教室の板書にも同様の表で整理されている。

C□：金閣と銀閣のとこだけでいいですか。書院造のところは・・

T：建物資料の１から４だけでいいです。書院造のところは後でやります。

金閣は先生、実物に見たことありますよ。大学の卒業の時にみんなで行きました。

C□：どっちが好きかなあ。

Ｔ：そろそろいいですか。 いくらでも書けそうだね。

現在継承されていることはあるかなあ。貴族や武士の屋敷と繋がりはあるかなあ。建物以外の庭とかも見てもいいですよ。

C□：庭・・・。

Ｔ：ではお互いのものを見てみてください。ちょっと話し合って、ああ、なるほどねとか、どういう理由がありますか？

C□：すごい。 確かに・・・

Ｔ：どうですか？ 納得したとか、これよくわからないところはありませんか？

C□：金閣が上の階に行くほど金箔の量が増えてるっていうのは気づかなかったです。

Ｔ：なるほどね。

C○：義満と義政が建物と同じ着物着ている。

Ｔ：はい、それはどう？ 服装も確かにそうだよね。義政は真っ黒ですね。

C□：義政はなんか、今までにもこういう人いますよね。平清盛とか・・

Ｔ：源頼朝もこんなのじゃなかった？

C□：でも義政は思い切りルールを破ってますよ。お坊さんみたい・・数珠と笏を持ってます。

C○：ほんとだ。

Ｔ：ちょっと難しいけれど、今に続いているのはどちらかな？ 雰囲気とか・・。

C□：義満の格好は今でもありますよ。お坊さん・・

C□：確かに。

Ｔ：建物は？

C○：建物だったら銀閣。

C□：銀閣です。

Ｔ：でも、この２人の建物だけなのかな？ 全体的な日本全体の文化とか、京都全体の文化もそうだったのかな？

C□：義満がもう金とかも使って、お金使いすぎて・・・。

T：どうですか○さん。

C○：というか、義政がいた時代に金がもう出回ってなかった。

T：義満が三代で義政が八代です。義満は 1358 年から 1408 年の 50 年間ですね。義政は 1436 年から 1490 年の 54 年間、約 50 年で、間に 30 年ぐらいありますね。30 年の間に四代変わっている。だから、お金がなくなったのかもしれないし、金が出回ってなかったのかもしれないね。

T：さあ、今度は中身を見てみようか。資料 5 は金閣寺の中と同じ造りと言われています。 で資料 6 は？

C□：現在の和室。

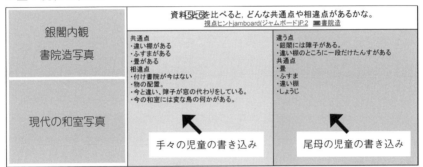

ドキュメント教材 3　各自の意見を集約する電子板書の役割を果たしている提示画面。教室の板書にも同様の表で整理されている。

T：そうです。さあ、比べましょう。共通点、相違点ないですか？

C□：共通点もありますよ。

T：ありますか、いいですね。どんどん書いてください。なんだか今に伝わる室町文化、見えてきたんじゃない？

C□：障子はある所にはありますよね？　この写真では現在の和室には障子が無いんですけど、あるところにはありますよね。僕、おじいちゃんの家の障子破ったことあるもん。

T：今は窓の内側に障子がありますね。

C□：いやあ、銀閣に住みたいです。

T：住みたい？

C□：家具がいいじゃないですか。かっこいいじゃないですか、庭も見れて最高じゃないですか。会社立てましょう。△△ハイムみたいなもの。和室しか建てない。

T：いいかもね、室町ハイムみたいな。
　　「この違棚のところに、一段だけ・・」これ何？

C○：タンスですね。これ違棚の下の所に・・銀閣の・・・。

T：どれどれ

C○：上一番上のところ。　これは何かなあ。

T：うん、銀閣のね、うん、付け書院のこと。　なるほど。

児童が資料の比較から気づいたことをドキュメントに書き込んでいる間、教師は遠隔机間巡視で個別対応する。

T：そろそろいいですか。お互い書いたことを見てください。
　　「変な鳥」どれどれ？　一番右上・・・欄間ですね。

C□：あー、それです。家にもあるんで、あれかなと思って。

T：孔雀のような、鳳凰のようなやつでしょ？

C□：はい綺麗です。

T：どうだろう、比べてみて。

C□：一緒ですね。

C○：そんなに変わらない。

T：うん、変わらないよね。

C□：ここに住んでって言われても、庭園を除けばそんなに驚かない。

T：うん、銀閣ね。

C□：これが何か、今に伝わる室町文化ですか。

T：なるほどね。そういうことか、じゃあ金閣ではないんだ？

C□：はい。　なんかやっぱり金は豪華っていう感じで。

T：金閣は一階がこういう造り、寝殿造っていって、貴族の時になかった。

C○：あ、なんか・・・。

C□：もてなすやつだ。確か、お客様もてなすところですよね。

T：そう、貴族ってどんな生活してたかな？

C□：華やかですよ。

T：ということは金閣、義満はどちら寄りなんだろう？

C□：貴族。

T：貴族寄りなのかな。武士なのにね。ただ二階は武家造っていって、武士らしい造りをしていたみたいですよ。三階は義政の格好からわかるように、禅宗仏殿造と言って仏教的な造りだったみたいです。

C□：ええ、なんか　もういろんな人格が混ざり合っていますね。

T：うん、そうそう、なんかいろいろ混じってるよね。

C□：武士、貴族・・。

T：で、銀閣の二階も仏殿のような感じだったみたいですね。

C□：仏教って、ずっとあったんですか？　聖武天皇が仏教をしていたじゃないですか。

T：うん、少なくとも義満の格好を見るとそんな感じでしょう？　だから700年から1400年前ぐらい前に入ってきた仏教がずっと続いていますよね。

❸授業の振り返り

T：さあ、そろそろ振り返りもしないといけないけど、学習課題はどうします？　何が知りたい？　何を勉強していきますか？

C□：他にも続くものがあるのか、みたいな。

T：なるほど。続いている文化は他には無いか、はい、それだけ？

C□：この人たちはなぜ、こんな感じで違ったのかみたいな。

T：2人がね。はい、あとは今まで続いている・・・例えば貴族の時期もありましたが。

C□：年中行事。

T：うん。つまりその、中身についてもやってみたらいいんじゃない？

C□：はい。

T：つまり今に続いている文化との繋がりだよね？

C□：具体的な・・・。

T：どんなということですね。はい、学習課題にしてください。はい、どうしますか、2人で考えて。

C□：えっと、室町時代文化は現在とどう繋がっていて・・・・

> 各校の児童の意見を１
> つに集約させて学習課
> 題を作る指導の場面。

　　はい、学習問題ですね。では学習計画として調べることは、現在とどう繋
がっているか、どのような文化かの２点ですね。さあ、振り返りましょう。

T：書いたことをお互いに読んでください。「本当に現在に繋がる文化がある
のか、気になる。」「時代背景とどう繋がっているのかが気になる。」「銀閣や
金閣の見た目を見たら現在の文化にどう繋がっているかどうかはわからな
かったけど銀閣の中を見たら今の文化に繋がっているということがわかっ
た。」

　　この銀閣のところで見た書院造ですが、銀閣の近くにある東求堂という建
物で、造りとしては一緒だそうです。　よし、では、また中身を勉強して行
きましょう。

本当に現在にも繋がる文化があるのか、気になる。
時代背景とどう繋がっているのかが気になる。
銀閣や金閣の見た目を見たら現在の文化に繋がっているかどうかはわからなかったけど、銀閣
の中を見たら、今の文化に繋がっているということがわかった。

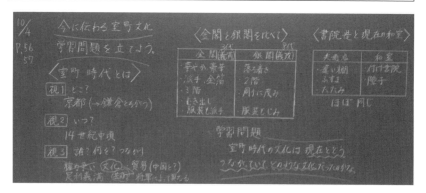

ドキュメント教材４と板書　各自の振り返りを集約する電子板書の役割を果たしている
提示画面。

C：はい。

T：はい、今日どうでした？　ヒントカード役に立ちました？　無くても大丈夫？　これからみんなが勉強するときに使う視点として使っていきましょう。はい、終わります。

C□：ヒントカードを見て、あ、これもと思って、楽しかった。

T：本当。ありがとうございます。

　現任校に赴任した当初、同学年の児童が1～3名の環境では、児童が多様な意見に触れる対話的な学習を展開することが難しいと感じていました。それが，遠隔合同授業を始めて4年目になる今では、「同じ学年の友達と話せるっていいな。」という声が児童から聞かれます。

　遠隔合同授業は、担任にとっても児童にとっても必要不可欠なものになっています。

　複式学級担任の立場で考えると、遠隔合同授業は、複式授業が解消され、指導する片方の学年の教材研究に力を注ぐことができます。また、児童の立場だと、児童のICT機器活用能力が大きく上達するとともに、多様な考えに触れることが可能になります。

　プラットフォームを活用した授業は、教師が児童の考えを随時見取ることができ、また児童の協働学習が可能になるため、個別最適な学びに繋がると考えられます。遠隔合同授業は、まだまだ発展途上ですが、多くの可能性があります。今後は、遠隔合同授業が必要となる環境を強みに変えて、学び続ける児童の育成を目指していきたいです。

徳之島町立手々小学校　大寺宏司

授業4 5年・社会科・「これからの食料生産とわたしたち」（2/5）

　本授業は単現計画全5時間の2時間目に当たる。授業者は吹留恭平教諭。教員歴13年、現在は3校目で尾母小に赴任して3年目のベテランである。吹留は尾母・手々・山の3校で取り組まれつつある遠隔合同授業のための教材システム開発の中核的な役割を果たしている。

1	なぜ外国から食糧を輸入しているのでしょう。	4	食料を安定して確保し続けるためにはどのようなことが大切なのでしょうか。
2	食生活の変化は食料生産にどのようなえいきょうをあたえているのでしょうか。	5	新しい食料生産のくふうを紹介し合い、これからの食料生産について考えましょう。（サイトの紹介）
3	食の安全・安心に対する取り組みは、どのように行われているのでしょうか。		

　児童は1時間目の導入の前時で「なぜ外国から食料を輸入しているのだろうか」を学習課題として、以下を学んでいる。

- 農業・水産業の課題は、米余りや米不足、漁業での乱獲や魚場の悪化、共通する労働力不足。
- グラフを用いた輸出入の農業生産物の価格比較。
- グラフを用いた日本の食料自給率の現状把握。

　そこから「食料自給率の低さ」は「外国産の食料は安い」ので「輸入に頼っている」ためであることにたどり着いた。次に示す授業記録は、単元計画の2時間目に当たる部分である。

第1時　これからの食料生産とわたしたち　P114　　　10/3（月）

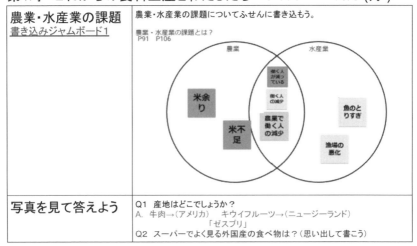

前時のドキュメント教材1

尾母 ◎	尾母 ○	手々 □	山 △
・パイナップル 【？産】	・フィリピン産バナナ		

ニンニク【中国産】
サーモン【ノルウェー産，チリ産】
牛肉・鶏肉【ブラジル産】

などなど

輸入と輸出：日本は輸入のほうが多い
食料自給率・・・食料を自国で生産する割合
【予想】60〜70%くらい？

ことば
食料自給率 わたしたちが
食べている 食料のうち，自分の 国で
つくられている 食料の わりあいを
いいます。熱量（カロリー），生産額，
重量から 計算する 方法が あります。

国内で、農作物・水産物・畜産物を生産すると
食糧自給率は（上がる）

外国から、農作物・水産物・畜産物を**輸入**すると
食料自給率は（下がる）

Q.なぜ外国から食料を輸入しているのだろうか？
　　日本でとれなかったり作れなかったりするものがあるから。(尾母◎)
　とれるものが少ないものを輸入している(山△)
　→山地が多い、畑が少ないことも関係している？
A.食料自給率が低いから。

前時のドキュメント教材2

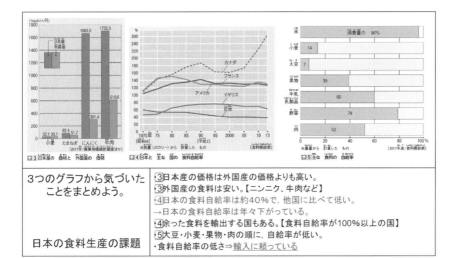

3つのグラフから気づいたことをまとめよう。	③日本産の価格は外国産の価格よりも高い。
	③外国産の食料は安い。【ニンニク、牛肉など】
	・④日本の食料自給率は約40％で，他国に比べて低い。
	→日本の食料自給率は年々下がっている。
日本の食料生産の課題	④余った食料を輸出する国もある。【食料自給率が100％以上の国】
	・⑤大豆・小麦・果物・肉の順に，自給率が低い。
	・食料自給率の低さ⇒輸入に頼っている

前時のドキュメント教材3

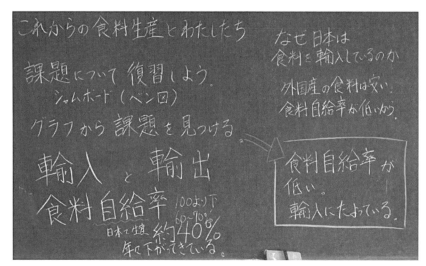

前時の板書

配信校（尾母小）
教卓の3台のPCの用途は以下のとおり。
・画面手前　教室内で遠隔授業を受けている1名の6年生の見ている授業（先に授業記録を示した 授業3 ）のGoogle meet映像。
・画面中央　児童に示すドキュメント資料。
・画面奥　　3校の児童のZoom映像。

受信校（手々小）教室の反対側で担任は6年生の授業（先に授業記録を示した 授業3 ）を尾母小に配信している。

受信校（山小）担任は尾母小からの配信を一緒に見ている。学習活動時に必要な時に指導を行う。翌日、授業の続きである第3時は、この教員が尾母・手々に配信した。

❶本時の学習課題（Ｔ：教師　Ｃの○◎：尾母児童、□：手々児童、△：山児童）

Ｔ：前回は、なんでこんなに食料自給率が少なくなったのかを今から探ろうということで終わりました。

　　今日は最初にこの写真を見てもらいたいと思います。なんかホテルみたいでしょう。左と右で違いがありますか？

Ｃ：和食と洋食。

Ｔ：右が和食？

Ｃ：左、左、左。

Ｔ：左が和食、右が洋食と呼ばれるものですね。皆さんの家庭ではどっちが多いですか？

提示資料1（和食と朝食）

第2時 食生活の変化と食料生産　10/4(火)　教上Ｐ116〜117

和食(1人)　　　　洋食(3人)
→食生活の変化【食料自給率に関係している？】

Ｃ：和食、和食が多いです。

Ｔ：○くんと◎くんはどう？

Ｃ◎：わかんない・・・

Ｃ○：和食の方が多い。

Ｔ：では、朝ご飯に限定して考えてください。挙手して下さい。和食の人。洋食の人。

（和食1名・洋食3名挙手）

　　先生の家は結構パンが多いような気がしますね。でも昔からそうだったのかな？

Ｃ○：和食。いや、昔は和食。

Ｔ：うん。昔は和食が多かった・・なるほどね。和食から洋食に変わることを何というでしょうね。

Ｃ○：うーん、前に習った。食生活の変化。

Ｔ：うん、そう、前に習った。○さん、よく覚えているね。欧米化とかいう話をした。

　　食生活の変化と食料自給率の問題とが関連しているのかも考えていきたいですね。

今日はあえてめあて立てていません。どんなめあてを立てたらいいでしょう？

C□：「食生活の変化には、何か理由があるだろうか」のような感じ。

T：なるほど。みなさんどう思いますか？

C：いいと思います。

めあてを決定した後、示す。同時に板書にも同様に示す。

めあて	食生活の変化にはどんな理由があり、食料生産にはどのような影響を与えているのだろうか			
予想しよう 和食→洋食 何がどう変わったのかな？	尾母 ◎	尾母 ○	尾母 □	山 △
		・ごはんからパン ・卵をよく食べる（スクランブルエッグ？）	・フルーツをたくさん食べるようになった ・お茶がコーヒーに	・

調べる① 2つのグラフを関連付けて考えよう　書き込みジャムボード2
一人一日あたりの食べ物のわりあいの変化 と 輸入量の変化

ドキュメントに各校の各自児童が予想を書き込み、共有できる。

児童がドキュメントに入力することで、他の児童にも共有され、考えたことを知ることができる。

T：和食から洋食に変わるっていうのは具体的に何がどう変わりますか？

C○：ごはんからパンに変わる。

T：はい、ごはんからパン、今のは○くんかな？ 他には・・はい、□さん。

C□：洋食だから、フルーツをたくさん食べるようになった。

T：なるほどね、フルーツをたくさん食べるようになった。なるほどね。

C□：飲み物も、お茶を飲むのがコーヒーに変わった。

T：お茶を飲むのがコーヒーに変わった。なるほど、「欧米か」ですね。ちょっと古いか。△さん、どう？

C△：卵・・。

T：ああ、卵をたくさん食べるようになった。なるほどね。

C□：和食の方にも生卵がある。

T：△さん、どう？

C△：・・・・・

T：ちょっと難しいかな。もう言われたって感じ？

C△：はい。

すべての児童に発言を求める配慮を通して、発言の力をつける教師の意図が見える。

T：そうですね。何がどう変わったかは、今日君たちに「調べる」の時間にグ

ラフを見て、しっかりとらえてほしいと思います。

提示資料２　１人当たりの食べ物の割合の変化と食料品別の輸入量の変化のグラフ

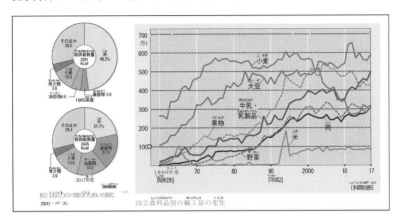

❷それぞれの資料データの読み取り

T：では、この２つを見て気づいたこと、あ、ここなんか面白いと思ったこと
　があれば発表してください。では、まず□さん、どうぞ。

C□：まず米を輸入しているけど、一気に増えているのは２回しかない。大き
　　な変化は 1995 年ぐらいに一気に上がって、一気に下がっていて、なんか
　　安定してない。

T：なるほど。お米の値段がちょっと動いているところに興味を持ってくれた
　のね。はい、今みたいな感じでいいからね。ありがとう。はい、△さん、ど
　うぞ。

C△：円グラフの 1960 年は、１人１日あたりの食べ物の割合が 48.5% だった
　　けど、2019 年は 21.4% に下がってきている。

T：下がっているっていうところに気がついた。　いいですね。そこもあとか
　ら考えてもらうところだからね。はい、他には？

C◎：折れ線グラフの小麦が 360 から上がったり下がったりしてジグザクに
　　なって、2003 年に一気に下がって、また上がってジグザクになっている。

T：なるほど。◎くんは一番上にある小麦の上がり方に注目したわけだよね。
　面白いですね。はい、最後は○くん。

C○：うーん。・・・・・

T：もう言われたって感じ？

C○：はい。

２つの資料グラフから読み取ったことを発表させる場面である。すべての児童に発言を求める配慮を通して、グラフを読みとる知識技能の力をつける教師の意図が見えてくる。

T：なるほど、気づくところに、いろいろと違いがありますね。これもグラフの見方の面白いところだなあと思います。

❸複数の資料を関連づけて考える

今日のめあては、２つのグラフを関連づけて考えようです。 なので「円グラフがこうなっていて、輸入量のグラフがこうなっています。」の形で発表できるように考えてください。

（この作業中に６年児童の様子を見るためにわたる）

児童の学習状況に応じて活躍の場を保障し、発表場面を構成していく。

T：３つ以上書いた人？ □さんは４つ。 では１つだけ書いた人から発表してもらおう。○くん。

まなび方コーナー

関連づけて 考える
二つの グラフを 関連づける

● 関連づけて 考えるとは、二つ以上のことを つなげて 考える ことです。
●【一人１日あたりの 食べ物の わりあいの 変化】の グラフからは、畜産物（肉や乳製品など）が 多く 食べられるようになってきた ことが わかります。
●【食料品別の 輸入量の 変化】の グラフからは、肉や 乳製品などの 輸入が 増えてきた ことが わかります。
● この二つを つなげて 考えてみると、

ことが わかってきます。

気づいたこと（自由に発言しよう）
・尾母 ○
・尾母 ○ 折れ線グラフの小麦が上がったり下がったりしている
・手々 □ お米は大きな変化が２回ある（1995年など）。安定していない
・山 △さん 円グラフの1960年と2019年とで、一人一日当たりの食べ物【米】の割合が下がっている。

1960年度と2019年度をくらべよう。

③一人一日あたりの食べ物のわりあいの変化	②輸入量の変化
畜産物が14％増えた	800万tくらい増えている
小麦が3％程度増えている【麦飯、パンをよく食べるようになった？】	300～400万tほど増えている
油脂類が増えている【大豆が関係している】	
魚介類はおおむね変化なし	
米は五分の一ほど減った	
【小麦や畜産物や油脂類はどうして増えた？】・外国のご飯のほうがおいしいから	

個々の子供の気づきを、２つのグラフの相関を見出すためのヒントになるよう整理して提示。

表に整理することで、２つの資料の相関に気づかせる手立ての工夫が見て取れる。
児童にも自力解決の学習活動中に机間指導でノートに、この表を書いて考えるように指導する。

ドキュメント教材２ 各自の意見を集約する電子板書の役割を果たしている提示画面。
教室の板書にも同様の表で整理されている。

Ｃ〇：えっと。 畜産物が増えた。

Ｔ：同じ人。

Ｃ□△：はい。

Ｔ：この60年間で何パーセント増えてる？

Ｃ□〇：14％ぐらい・・・

Ｔ：これは一日に食べる量が14％増えたってことだよ。肉とか牛乳とかがね。

Ｃ□：太りそうですね。

Ｔ：いいことに気がついた。さあ肉、豚肉、牛肉、こういったものは全部国産で
　賄われているのかを見ていきたいと思います。◎くん、輸入量はどうなってる？

Ｃ◎：んーと、0から300万ｔぐらい増えてる。

Ｔ：牛乳・乳製品も合わせると？

Ｃ◎：合わせると500万ｔぐらい

Ｔ：500万ｔと300万ｔで800万ｔくらい増えている。食生活が変わって畜産
　物をたくさん食べるようになったから増えるよね。

Ｃ□：食べれなくなる。今、日本はすごくいっぱい借金あるんですよ。

Ｔ：ああ、借金……なんか面白いこと言うね。どうなんだろうね、借金まだ調
　べてないですね。

　　　次。あれ△さん、手が下がっているけれど、もしかして、これだけだったから？

Ｃ△：ないです。

Ｔ：ああ、そうか、では〇くん。

Ｃ〇：えーと小麦が1960年から2017年までで3％ぐらい増えてます。

Ｔ：微妙に増えたということだね。 じゃあ昔も今もパンとかいっぱい食べていた
　わけだ。あとね、多分ね、麦飯も食べていたんじゃないかな。給食で食べたとか。

Ｃ〇：麦ごはん？

Ｔ：そうそう。小麦を使っている。でも小麦も3％増えている。パンの食べ
　る量も多分増えている。小麦の輸入量はどうでしょうか？

Ｃ〇：300と200の間くらいから600くらい・・・。

Ｔ：ということは＋400万ｔぐらいでいいですか？

Ｃ〇：はい、いいです。

T：他に気づいたことは？　□さん。

C□：油脂類が13%くらい増えています。

T：はい油脂類、増えてますね。これ何でしょうね？

C○：油。

T：私たちどうやって油を食べているんだろう？

C○：スープ。

C□：唐揚げとか作るとき‥

T：そういったものでしょうね。それに関わって輸入量のグラフに何か出てきてるかな。

C□：出てきてません。

T：本当？　これね、油でしょう・・・。

C□：大豆。

T：そう、大豆も関係しているんですよ。

C○：100から350

T：ここも増えていますね。

> 児童の発言から、教師がおさえておきたい大豆と油の関係についてとらえさせる。

　はい、あと他に増えたものは？

C○：魚介類。

C□：いや、増えてないですね。0.1パーセント。

T：では、畜産物、小麦、油脂類、が増えたということでいいですか？

C：はい。

❹食生活の変化がもたらしたこと

T：何でこの３つが増えるのでしょうか？

C□：日本で生産できないから。

T：食物はどうしてこちらが増えたんでしょう。畜産物をたくさん食べるようになったり、油脂類が増えたり。

C□：外国のものの方がおいしい。

T：なるほど。外国のご飯の方が美味しい。他の人は？　食生活が変わった理由は？

C：・・・・

T：おそらく 1960 年ころからマクドナルドとかケンタッキーとか出てくるん
　　でしょうね。油脂類とか、畜産物とかね。やっぱりアメリカとかへの憧れと
　　か、そういったものがあるみたいだよ。

C□：アメリカとかへの 憧れだけでそんな輸入したりするかな・・・・。

T：肉がおいしいとか、そういったことかな？　憧れもあるのかもしれない。

C □：一度輸入ストップしてみたらどうなるんですかね？

T：面白いですね。どうなるんでしょうね。

> 本時の学習課題に
> かかわる部分でと
> らえるために、こ
> の場では対応とし
> て流す。

　　　　増えたものもあれば、減ったものもある。さっき出て
　　きたけど、米とかそうだよね。

C：うん。

T：食べ物の半分が、今まではお米だったのに、大体 1/5 ぐらいになってる。
　　ということは日本人は毎食お米ご飯を食べなくなったの？

C△：パン。ご飯の代わりに・・・・

C◎：麺。

C○：麺とか、パンとか・・。

C△：麺とパンと小麦。

T：そうそう、だから米だけずっと食べていたけど、現在はパンもあるし、も
　　ちろんお米もあるし、あと麺もあるよね。あと、そうめんとかも、よく給食
　　で出てきますね。米しか選択肢がなかった時からすると、選択肢が増えて食
　　生活はどうなったと言えるかな？

C△：広がった。

C○：豊か。

T：外国からの輸入で、食が豊かになったと言えるかもね。
　　　　もう一回戻っていくと、1 人当たりの食べ物が豊かになって増えると輸入
　　量はどうなりましたか？

C○：増えた。

T：そこは今回の目当てに関係するところじゃないですか？　食生活の変化は
　　食料生産にどのような影響を与えているか・・。

C○：1 人当たりの人間が食べる量が増えると輸入量も増える。

T：そうだね。増えたものはなんだっけ。

C◎：畜産物とか・・

T：そういっ
たものは日
本で生産し
ているもの
だけでは足
りなくなっ
て、結局輸
入をしてい
ることにな
るね。君が
昨日、「日本

	・アメリカなどへのあこがれ ・肉がおいしい！ <u>食生活が豊かになった。</u> カロリー消費が増えた。【太りやすくなった？】 Q. 2つのグラフから分かることは？(関連付けて考えよう) A. 食生活と輸入の変化には関係があった。 Q. 輸入食品が増えたことでよいことはどんなこと？ A. 輸入食品は安いから良い Q. 問題点は？ A. 輸入が止まると大変なことになる。輸入に頼りすぎてはならない。 　戦争なども関係している？ 「食品ロス」問題 →日本は低い食料自給率のわりに，廃棄する量が増えている
さらに調べたいこと	食生活の欧米化により、輸入量が増えた。
まとめる	食生活の欧米化により、輸入量が増えた。 欧米へのあこがれ 豊かな食生活と食品ロス問題も関係している

ドキュメント教材3　各児童の意見を整理してまとめ、全体への提示に用いる画面

はなぜ輸入するの」「日本でとれないものがあるから」って言っていたよね。

それも関係してるんじゃないかな。他に増えたものは？

C○：その他。

C：総供給熱量。

T：そうです、日本人は食べる量が増えたんですね。カロリーってみんな聞いたことある？

C：気にしてる。

C□：カロリーって太るんですよね。

T：今の食事っていうのは。どうして太りやすいと思う？

C○：油物が多いから。

T：だよね。昔の日本食がダイエット食品にはとても良いという話もありますね。
食生活の変化と輸入量は、大きく関係があったということが今日分かったと思います。

❺課題（食料自給率と輸入食品への依存・食と健康・食品廃棄）の整理

T：じゃあ、それって良いことなの、悪いことなの？

C□：いいこと。

C◎：わかんない・・・

C○：悪いこと。輸入量が増えたら自分たちの国の・・・・・。もし輸入がストップしたら、輸入に頼ってたら、どうしようもなくなっちゃう。

C○：安く売ってくれるから・・・

T：輸入は安いからいいんじゃないか。ただ、今ね、日本っていうのはね。だんだん貧乏な国になってきている。ほかの国が安く売ってくれなくなったらどうする？

C□：輸入止まっちゃう。

T：輸入食品が安いのは、ずっと続くかって言ったらそうじゃないかもしれないね。△さん、何か言ってないですか？

C△：意見はあまり出てこない・・。

C□：今、輸入されたものが高くなっている。ウクライナの戦争の・・・。

T：そうだね、ウクライナは小麦で有名だけれどもね。そこで生産がストップしたら小麦の値段が上がるとか、油の値段がぐっと上がってくる。

C○：ニュースでやってる。

T：油とか小麦とか。そういう食料品の値段が上がったら、それを原料にして作っているものも、全部上がっちゃうからね。食料品自体が高くなることもあるよね。

> 食料の自給率と輸入量の矛盾と恩恵の両面からとらえさせる指導場面

C□：1つだめになったら、全てやばくなる。

T：まとめていくと、まず輸入は良いこともあると思います。食生活が広がる、豊かになる。輸入によって食生活が広がる。 これはいいですか皆さん。 いろいろなところから、いろいろなものを取り寄せて食べることができるからね。

C○：はい。

C□：そっちはOK。

T：ただ、問題点もある・・・・食品ロスってどんな問題ですか？

C□：食品が捨てられる。

T：◎くん、お願いします。

発表があまり得意でない児童が、教科書の記述を見つけたことをとらえた教師が、教科書記述を読むように指名する。

C◎：「日本の年間食品廃棄量は約2760万tで、そのうち 売れ残りや期限を過ぎた商品。 食べ残しなど、食品ロスは約640万tとされています。（2016年度農林水産省資料）これは世界中で飢えに苦しむ人たちに向けた、世界の食料援助量、年間、約350万t、2016年の物資量を大きく上回る量です。」（教科書の記述を読む）

T：はい、ありがとうございます。日本は食料自給率40％の割には、食品ロス問題があるわけですね。これは何とかしないといけないと思うかもしれません。企業もね。いろいろ取り組みしているそうです。先生が大好きな鹿児島市のパン屋さんは、売れ残ったパンを超格安で徳之島まで送ってくれます。

C□：鹿児島の本土の方から？

T：うん、鹿児島で3000円ぐらいで売っているものを1700円ぐらいで売ってくれます。

C□：安い。

T：廃棄しないといけなくなったものを冷凍にするなどしておいしく食べてもらおうという努力をして食品ロス問題に取り組んでいるようです。

C○：3000円のを1700円・・・。

❻授業のまとめと振り返り

T：今日の学習課題は「食生活の変化にはどんな理由があり、食料生産にはどのような影響を与えているか」でした。 どうまとめましょうか？　2分で自分のノートに書きましょう。

T：何で食生活は変化したの？　何で私たちはこんなものを食べるようになったの？

児童が資料の比較から気づいたことをドキュメントに書き込んでいる間、教師は遠隔机間巡視で個別対応する。

C◎：欧米化した・・

T：欧米化した理由は？　難しい？　最後まで頑張ろうよ。食料生産が食生活に与えた影響の方は分かる？

C◎：輸入量が増えた・・。

学習をふりかえろう	尾母 ◎	尾母 ○	手々 □	山 △
	一日一人当たり食べる食料が変化してきていることを初めて知った。	日本人の主食がお米から変化してきていることがわかった。	日本人の食生活の変化とともにカロリー消費が増えているので、太りやすくなっていることを初めて知った。	◎さんと同じ

ドキュメント教材3　各自の振り返りの書き込みの提示画面

T：発表できる人。◎くん。

C◎：畜産物とかがいっぱい増えて、輸入量もめちゃくちゃ増えた。

T：欧米化に関わる畜産物とかが増えたら輸入量も増えた。「増えると増える」関係を伝えてくれました。

　　◎くんは、グラフをしっかり見てるよね。「食生活の変化と、食生活の欧米化」とでも書いておきましょう。「輸入量が増えた」。△さん、発表できる？

C△：食生活の変化はお米とかだけじゃなく、他のパンや麺も主食に変化している。

T：米とかだけじゃなく、主食が変わってきている。それも食生活の変化と言えますね。小麦の量っていうのが、輸入量が増えたということに繋がりますね。ありがとうございます。

　　□くんどうでしょう？

C□：食生活の変化はアメリカなどへの憧れやお肉がおいしいなどのことから日本は和食ではなく洋食が増えてきている。

T：欧米への憧れ。そういうところもありますね。あと今日話したことで、「豊か」を入れてほしいんだけど。豊かな食生活と食品ロス問題、これも輸入のし過ぎじゃないですか？

C：・・・・

T：はい、では板書を映しておきますので、振り返りにいきましょう。

C◎：日本人の食べる物はお米だけじゃなくてパンや麺などもあることが・・・

T：そういう自分の生活をデータでしっかり見ることができたね。ありがとう。はい、次は？

C○：今日学んで、1人当たりの1日の食べる量が1960年は米ばっかりだったけど、今は畜産物とか油脂類などがいっぱい食べられる。種類はいっぱい

Ｔ：あーなるほどね。種類

　　分けしたらこうなるとい

　　うことね

Ｃ△：同じです。

Ｔ：はい△さん。

振り返りを発表させる場面。各児童の意見を集約しつつ整理して授業をまとめると共に、すべての児童に発言を求める配慮を通して、学習内容の把握やそれをまとめ、表現する力の評価を図る教師の意図が見えてくる。

Ｃ△：○くんと同じです。

Ｔ：ありがとうございます。□さんどうぞ。

Ｃ□：日本人が食事をしている中で、食生活が豊かになったのに比べてカロリー

　　の消費が増えたので太りやすくなったということがわかりました。

Ｔ：健康を考えているなあと思いました。先生も太りすぎないよう気をつけよ

　　うと思います。今日は本当にみなさんおしゃべり頑張りました。終わります。

Ｃ：ありがとうございました。

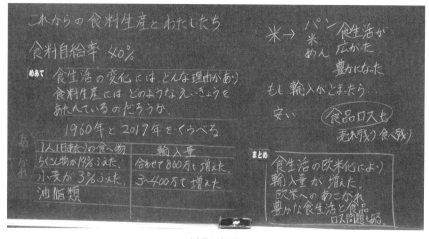

授業の板書

【参考文献・資料】
・赤崎公彦「小規模校同士の ICT 活用による学びの質の向上 －遠隔合同授業を核とした複式授業の充実」、「九州教育学会研究紀要」45 号所収（2017.10）10 頁。
・拙稿 「へき地複式校間の ICT 活用による双方向遠隔合同授業の成果と課題」、「へき地教育研究」76 号、（北海道教育大学へき地小規模校教育研究センター、2022 年 3 月）
・徳之島町教育委員会提供 4 校合同研修「R3.2.9 公開授業」動画
・徳之島町提供委員会提供 4 校合同研修紹介動画
・徳之島町提供委員会提供 R3 遠隔合同授業資料「R4.0217- 国語『思い出を言葉に』」指導案
・徳之島町提供委員会提供 尾母・手々・山の Google ドキュメントおよび jamboard のヒントカード教材。jamboard のヒントカードは以下の HP を加工して作成されたもの。
「小学校 社会的な見方・考え方の視点」（Note & Board）
https://www.programming-edu.com/2017/05/13/image-viewpoint-way-of-thinking/（2022/12/1 確認）

　「同学年の仲間がいない児童に、同学年との関わりを持たせたい。」という思いから、手々小・山小の取り組みに加えてもらう形で始まった遠隔合同授業も早 3 年が経ちました。年度当初はよそよそしかった子供たちが、毎時間の授業で対話や議論を行うことで、初めからクラスメイトだったように仲良くなり、冗談を言い合える関係へと変容していきました。

　遠隔合同授業は、教師集団にとっても多くのメリットがあります。例えば、プラットフォームを共同運用することにより、仲間の指導法に触れ知見を深めることができます。また、連携校の教師が常に参観する環境は、授業者に適度な緊張感を生み出します。しかも、授業後に指導の成果や課題を話し合える仲間がいるのは、お互いの資質向上を測る上でありがたいことだと感じています。

　極小規模校の児童・教師双方の視野を広げる目的のため、多くの学校で遠隔合同授業が展開されていくことを願っています。

徳之島町立尾母小学校　吹留恭平

column

「遠隔合同授業」の魅力

徳之島町立花徳小学校
校長　佐々木　恵美

　4月、知人から「徳之島町の遠隔教育の様子を教えてほしい」という連絡を受けた。紹介された教育委員会月報（2021.10月）を一気に読み、GIGAスクール構想や、感染症対策のオンライン授業が始まる前から、将来を見据えたICT活用として複式双方向型の遠隔合同授業が実践されており、「徳之島型モデル」として定着していることを知った。新学期が始まり、実際の授業を参観できる日を心待ちにしていた。

　百聞は一見に如かず。徳之島町立母間小学校と本校の、5・6年生の国語の授業では、6年生の授業を母間小教諭、5年生の授業を花徳小教諭が担当し、1つの教室の中にテレビ会議システムを介した2つの合同授業が構成された。普段とは異なる学級空間で、子供たちが、ほどよく緊張感をもって学習する姿があった。指導した教諭も互いに連携し、教材研究・授業準備を入念にやってくれていたこともあり、動画の配信や板書の提示、1人1台タブレットを活用した協働的な学びの場の設定等、導入から終末まで対面で行う際と変わらない授業が展開された。複式指導に欠かせない学習リーダーも、モニター越しに授業者の指示を受ける側では頼れる存在になることが確認できた。質の高い授業の提案だった。

　さて、遠隔教育を実施する際に課題に上がる「打ち合わせ時間の不足」「校時表調整の必要」については、「遠隔授業のためではなく、教科等の目標を達成し子供たちの学びを保障する」という本来の目的を学校間・職員間で再確認するとともに、校長として可能な限りのマネジメントを行う必要がある。また、本町研修部会等においても、小規模校のよりよい連携が図られるよう組織の再編成（参加校・事務局・推進委員会等）や実践の拡大等が必要だと考える。教育委員会の御指導を仰ぎながら、遠隔教育の可能性を広げていきたい。

　20年前、奄美大島の小中併設校で複式学級の指導をしたことを思い出す。あの頃にデジタル教科書があったら…、1人1台タブレットが整備されていたら…、遠隔授業システムがあったら…、一緒に三味線や釣りを楽しんだ当時の子供たちとどんな授業をすることができていただろう。

　遠隔合同授業の魅力は、学校間の連携により、子供たちの学びが保障されるだけにとどまらない。子供同士の交流・友情が生まれ、職員相互の交流・指導力の向上が図られ、学校力の高まりにも繋がるものである。

　共に学び続ける気持ちを失わず、未来を生きる子供たち一人ひとりの可能性や良さを引き出す、新しい時代に対応した学校づくりに努力しようと思う。

column

遠隔合同授業に思う

徳之島町立手々小学校
校長　阿部　由美

　登校してくる子供を迎えるため朝7時20分に校門前に立つ。子供たちとのハイタッチは全部で7回。小学3年生から中学3年生の学年1人ずつの児童生徒が、7時40分には全員登校する。欠席者がいるとすぐわかる。登校した後も些細な子供の変化はすぐ見て取れる。小さな学校の良さである。

　教職員も少数精鋭、実に協力的にそれぞれのよさを発揮している。どんなに小さなことでも、困ったことが起きたらまず教頭に相談。それから校長へという流れがしっかりできているから教師も自信を持って活躍できるのではないかと思っている。

　1　教職員を信じる。

　2　教職員を助ける。

　経営目標に書き込んでいないが、この2項目を私の学校経営方針の最上級に掲げている。考え出せば他にもたくさんあるのだろうが「信じて、助ける」は最重要項目として大切にしたい。そして教員同士も「信じ合い、助け合う」精神を大事にして欲しい。

　日々の授業は教員にまかせている。現在、小学部の担任は2名だが、内1名はICT機器の操作に長けている。遠隔授業といえば以前は主に交流学習が主流であったが、今では通常の授業を行っている。児童もこれらの授業を通して他校の児童の意見を聞くことで1人ではなかなか考えつかない発想を広げているようだ。他校の児童との授業には、程よい緊張感もあり授業者にも児童にもよい影響を及ぼしている。

　教材研究は、たいへんである。他校の児童の実態を知った上で進めなければならない。

　しかし、先日行われた5校合同（母間・花徳・山・尾母・手々）の5・6年生の集団宿泊学習では、どの子供もすべての学校の教師と以前から知り合いのように親しく話をしていたので、こんなところにも遠隔授業の成果が出ていると感じ、うれしく思った。

5 章

徳之島町の取り組みから学ぶ
複式学級間の遠隔合同授業の理念と方略

北海道教育大学へき地・小規模校教育研究センター センター員　前田 賢次

1　遠隔合同授業開発のあゆみ

　徳之島町の遠隔合同授業のあゆみは、およそ以下に示す３つの段階からとらえることができる。（授業開発の時期区分のため、３章の時期区分とは若干の違いがある。）

徳之島町の合同遠隔授業実施の経緯と大まかな時期区分

	研究課題・研究内容	参加校 合同遠隔授	参加校 合同研修会	備考（年度）	
2015		母間 花徳 山	母間 花徳 山	複式遠隔合同授業を3・4年と5・6年で実施 文科省委託事業「人口減少社会におけるＩＣＴ活用による教育の質の維持向上に係る実証事業」	創生段階
2016	遠隔合同授業に適した単元の精選	母間花徳山手々	母間 花徳 山	算数、社会科、道徳の3教科で実施	第一段階
2017	遠隔合同授業の類型化と一般化（4つのステップ）			「徳之島型小学校モデル」策定。	第一段階
2018	・遠隔合同授業と学力向上、1学年あたりの児童との直接対面時間・学習活動時間の量的拡大の検証	母間 花徳 山手々		・鹿児島大学教育学部ICT活用フォーラム ・遠隔合同授業研究公開（母間小・山） ・第2回NITS大賞活動発表会　遠隔授業で複式指導を充実 小規模校で高め合う徳之島型モデル	第二段階
2019				徳之島町教育大綱「新しい時代を見据えた教育の姿（最先端の学びの町）」策定。	第二段階
2020	対話的で深い学びを構築する学習指導法の創造	尾母・山・手々 新たな合同遠隔授業		「徳之島型中学校モデル」策定。毎週水曜日に「朝の交流活動」。4校で合同研修。	第二段階
2021	遠隔合同授業を核とした複式・少人数指導の充実	尾母・山・手々による新たな合同遠隔授業		・大島地区研究協力校「ICT利活用教育」徳之島町立小学校（母間・花徳・山・手々）四校合同公開研究授業開催。 ・徳之島三町複式・極小規模校部会研修会開催	第二段階

（2022.10　前田　教育大学協会研究集会発表資料より）

（1）創生段階（2013 年頃・母間小）

　徳之島町の ICT 教育利活用は現在の徳之島町教育長・福宏人が母間小学校長として赴任し、授業改善と効率化のために特別会計で導入したタブレットを教員に配付したことに始まる。そこからやがて授業改善のために高学年児童に導入、反転授業で予習から授業へ繋ぐことを目指した。

　母間小の当時の状況は、赴任時に複式授業経験のある教師がほとんどいなかったという。そのため二学年を１人の教師が同時に指導することに苦慮した。そこで一方の学年の授業動画をあらかじめ用意して「わたり・ずらし」に対応

するなどの取り組みが現れ始め、教員間で広がった。

ICT の学習活動への導入にあたっては、当初からそのメリットとデメリットの検討も行っている。養護教諭の提起から、視力低下、集中力への影響を踏まえ、使用時間と休養時間を定めた。また、元ディレクター経験者の事務職員の教育活動への協力や、PTA の学習会を開催し、保護者がコンテンツや実際の使い方について研修を行うなど地域をあげての取り組みとなった。

(2) 第一段階 （2015 年～・母間小・花徳小・山小・手々小）

2015 年、文科省委託事業「人口減少社会における ICT 利活用による教育の質の維持向上に係る実証事業」の委託を受け、極小規模の複式校 3 校（母間小・花徳小・山小）を結び、3・4 年と 5・6 年で複式学級間の遠隔合同授業（以下、本稿では「複式学級間の遠隔合同授業」を「遠隔合同授業」と略す。）を実施する。

翌年から 3 校合同の遠隔合同授業研修会を開催、2018 年からは、手々小を加え、徳之島町北部 4 校合同研修会として年間に数回開催し遠隔合同授業の形態・条件づくりの組織的プロジェクトが本格化していく。この時期には、❶遠隔合同授業に適した単元の精選、❷学習訓練・学習規律の検討と共有、❸学校間・4 校合同での授業研究や行事づくりからの発展としての研修、❹成果の検証と一般化、❺全国の学校との遠隔合同授業の実施、❻機器操作マニュアル作成・研修校時表の統一など、「徳之島型スタイル」（以下「徳之島型」と記す）と呼ばれる遠隔合同授業モデルの完成する時期である。前章の 授業1 はこの時期の授業記録である。

(3) 第二段階 （2019 年～・母間小・花徳小・山小・手々小・尾母小）

第一段階の中心となった教員たちの転任により、いわば第二世代による継承とルーティーンとしての遠隔合同授業の組み替えが取り組まれる時期である。新型コロナ禍を背景とした、テレビ会議システム（UCS）以外の各種遠隔授業プラットフォームの普及と拡大や、1 人 1 台端末、個別最適な学習活動、三観点の評価など、新たな ICT の教育利活用の視点が示される中での遠隔合同授業が模索される時期である。前章の 授業2 はこの時期の授業記録である。

また、徳之島型の成果と蓄積を背景にしながら、これと並行して、2020年から町内の極々小規模校でも学年に1ないし2人しか在籍しない複式学級担任たちが、学校間を結んで、毎日、遠隔合同授業を行いながら、そこで用いられる教材開発・評価活動・授業開発の蓄積を共有し、そこから授業改善を図ることを可能とするシステム構築を共同で行ってきている。前章の 授業3、4 はこの取り組みの授業記録である。

2　遠隔合同授業を支える理念と方略

(1) 交流と対話による遠隔合同授業の2つの方向性

　徳之島町のICTによる遠隔合同授業を導入した第一の目的は、児童の学習活動において集団による交流を保障することであった。そのため当初より遠隔授業を実施する単元は、少人数授業の弱点を克服するために「なるべく多様な考えに触れ、自分の考えと比較しながら理解を深めることができる」ものから選定された。

　徳之島型スタイルには特別活動や総合的な学習などでも豊かな蓄積があるが、ここでは教科学習としての遠隔合同授業を単元と1時間の授業の相関から考えてみたい。

母間小の遠隔合同授業実施単元（2021）

教科	効果を期待しやすい学習場面
国語	・学習して感じたことを発表し合い、感想を交流する場面 ・学級討論会など、学習規模を広げることで活発化する単元
社会	・それぞれの地域を題材として調べたことを発表し共有する場面 ・単元終末の学習したことを基に自分の考えを発表する場面
算数	・多様な考え方や意見が想定される単元、学習場面 ・計算領域における単元導入の意味学習の場面
道徳	・単元導入での経験想起場面 ・中心発問の意見交流を行う場面 ・テレビ会議を生かした役割演技による、道徳的価値を高める場面
外国語活動	・ネイティブスピーカーの発音を共有する場面 ・ゲームやインタビューを通して、交流する場面

①徳之島型の単元開発

第一段階期の蓄積をふまえ、2018 年に赤崎教諭が遠隔合同授業に適した単元や学習場面をあげている。単元としてよりも、むしろ学習の「場面」を各教科であげていることに注目したい。先に示した 授業1 の授業記録は単元全体での遠隔合同授業事例として取り上げることができるだろう。

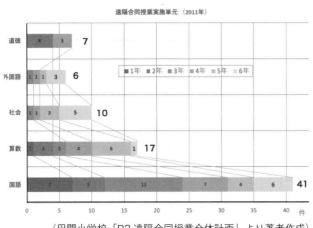

遠隔合同授業実施単元（2011年）

（母間小学校「R3 遠隔合同授業全体計画」より著者作成）

第二段階の到達点として 2021 年の母間小学校における「遠隔合同授業実施単元」から、その実施教科の傾向を見ると、国語科が最も多く 41 単元、次いで算数科となっている。さらに上級学年ほど遠隔合同授業が多く取り組まれる傾向を見ることができる。やはり先に示した 授業2 の授業記録では単元計画全 7 時間中、3 時間が遠隔合同授業と 4 時間は各学校での複式授業で、両者をどう位置づけ単元を構成するかが整理され、学校間で共有されてきていることが察せられる。

つまり現在の徳之島型の教科における遠隔合同授業は、その経験と蓄積を通して、単元全体の中で児童間の交流による広がり深まるものの見方、考え方や、児童の表現のための効果的な学習場面として位置づけられている。

また、当初の理念を追求しながらも、現状として教科では、主に国語科、算数科で取り組まれる実態がある。

②３校型の単元開発

　一方で 2020 年から尾母、手々、山の３校を繋ぎ、現在では高学年の理科・社会科で単元全体にわたり遠隔合同授業が実施されている。その中心的役割を果たしてきた吹留恭平教諭は、この取り組みを徳之島型の継承発展に位置づけており、徳之島型の ICT 環境や、教員の意識、遠隔合同授業の共同開発の蓄積がその背景にあることがうかがえよう。

　本稿ではこの新たな遠隔合同授業開発の取り組みを仮に「徳之島型スタイル３校型」（以下、「３校型」と記す）と呼ぶことにする。

　３校型では、単元全体を通して遠隔合同授業が実施され、原則として授業配信校の１人の教員が、１つの学年の単元全体を受け持つ。対象学級は、いずれも複式学級（欠学年を含む）、で１学年の児童数が極めて少なく（2022年は１または２名）、１人の教師と１ないし２人の児童による授業の限界の克服を望む意識が極めて高かった。状況を打ち破るために遠隔合同授業実施はある意味では必然であった。

　３校型の遠隔合同授業は、極少人数を対象にしていることや音声環境・映像環境の改善もあって、授業の進行や児童の様子も、複式でない授業とほとんど変わらない。３校児童の聞き取りからは、共通して毎日のように授業しているので、ほとんど抵抗感はなく、むしろ人数が増えたことで知見が広がり深まったという実感をとらえることができた。前章の 授業３、４ の授業記録からも、そのことが理解いただけると思われる。

　いずれにせよ、３校型の教科における遠隔合同授業は、現在、主に高学年複式学級で理科・社会科の単元全体を通して実施され、原則として授業配信校の１人の教員が、１つの学年の単元全体を受け持って実施されている実態がある。

③教科における２つの遠隔合同授業

　これまで眺めてきた徳之島型と３校型の２つの遠隔合同授業開発のアプローチの異同を整理したものが 124 ページの表である。

　主な教科として、徳之島型では国語が最も多く取り組まれているが、説明

徳之島型スタイルを踏襲した点と深めた点

最先端の学びの町への挑戦 （徳之島町教育委員会作成）	本実践	
	踏襲	さらに深めた点
単元の精選と指導計画の作成 ・合同研修会での指導計画への位置づけ	○	必要に応じてオンライン会議を開催した
複式授業における授業改善 ・複式指導モデルの策定 ・ずらしとわたり ・授業支援ソフトの活用	× × ○	現行と令和型のすり合わせが必要か 未実施 Google Workspase for Educationの活用
日常化に向けた工夫や対策検討 ・校時表の統一 ・修学旅行等の直接交流活動 ・打ち合わせの簡略化 ・学習規律 ・音声問題	○ ○ ○ ○ ○	尾母小側の朝活動を繰り上げることで統一 今年度より尾母小も参加 Teams内Excelシート及びLINEの使用 現行のものを継続して実施 参加者全員のヘッドセットの使用
小規模校のネットワーク化 ・テレビ会議システムの活用	○	Google Meetの活用
小規模校における教育の質の向上 ・教員個人の負担軽減 ・指導技術の相互伝達 ・指導案の共有、練り上げ ・指導例の蓄積	○ ○ ○ ○	学年担当制により、複式指導を単式指導に変更 共同編集ツールを活用することで内容を確認 共同編集ツールの活用により常に最新版を共有 Googleクラスルーム（学年別）を毎年利用する
教員の専門性を生かした授業の実現 ・教員の負担の解消 ・得意分野の担当	○ ○	問題解決テンプレートの活用 経験学年の頻度から、担当学年を決定
児童の学習環境の向上及び一体感の向上 による進学時のギャップ等の解消 ・バーチャルクラスルーム ・友人関係の構築	○ ○	Googleクラスルームでの交流 Googleクラスルームのコメント欄での交流
学習内容の定着 ・全国学力・学習状況調査の向上	○	鹿児島県学習定着度調査の過去問の練習を実施
児童の考え方の広がりや深まり ・主体的な学習を促す支援 ・多様な考え方に触れる機会の増加	○ ○	タイピング、画像やURLのコピー＆貼り付けの指導 画面共有などの活用技術の指導

（「１人１台端末を活用した複式双方向遠隔学習の実践」より 吹留 2021）

	遠隔合同授業の位置（教科）	主な教科	実施校（数字は2022年5月の全児童数）					授業指導者
			母間(43)	花徳(49)	手々(4)	山(7)	尾母(7)	
徳之島型	全単元のある部分	国語 算数	43	49	4	7		合同遠隔授業時は配信校の教員、それ以外は担任が所属校で複式授業
3校型	単元全部	社会 理科					7	授業配信校の1人の教員が、1学年の単元全体を受け持つ。

（「1人1台端末を活用した複式双方向遠隔学習の実践」より 吹留 2021）

文などに関わって自分で作文するための学習場面が多い。物語教材では、音読発表を除けば読みに関わるものはほとんど見当たらない。

　一方、3校型では、取り組みの当初は高学年で徳之島型と同様に国語、算数で、取り組みを始めているが、現在は高学年で社会科、理科の遠隔合同授業にも取り組んでいる。

　このような実態からいくつかの特徴をとらえることができる。

　1つは、徳之島型は、複式学級間の遠隔合同授業を単元計画に位置づけ構想するための指標を提示していることである。教科であれば、主に国語や算数などで、単元の部分として、話し合いや意見交流、発表や表現活動により見方・考え方を広げるための時間を設定して配置する。それは、できるだけ単発でなく、必要に応じて複数回、段階づけて一連の学習活動として位置づける（前章で示した 授業2 の「単元計画」を参照されたい）ことで、児童にとっても学習活動の節として意識づけができよう。

　2つ目は、3校型のように、全単元を通した複式学級間の遠隔合同授業の実現は、社会科や理科、国語の物語教材の読みの授業などで、単元において集団による学習成果の積み上げの文脈を、児童たちの思考の脈絡として生かす授業への可能性を開くことになる。（前章で示した 授業3、4 では、過去の授業で学んだことや気づいたことを想起し、関連づける教師や児童の発言が自然体で現れている）

　3つ目に、上記の2つの遠隔合同授業の成果の特徴を使い分けたり、組み合わせたりすることで、さらなる複式学級間の遠隔合同授業の可能性を開く

ことになると考えられるのである。

(2) 集団での思考の広がりと深まりを目指した授業過程

本来「なるべく多様な考えにふれ、自分の考えと比較しながら理解を深める」徳之島型遠隔合同授業の根本理念は、複式学級や遠隔合同授業に限定されるものではなく、どのような学校の授業においても求められることである。しかしながら、複数の極小規模校間で1つの授業を行うために、学校間での共通理解を図りつつ授業イメージを共有し、その試行を経て1時間の授業の指導過程が一般化されていくためには、複式学級を抱える学校間の連携という困難な作業があった。ここでは、その作業をいくつかの観点からとらえ、複数校による遠隔合同授業の共同開発への指針を導きたい。

①徳之島型の1時間の授業の指導過程

第一期の2018年段階の指導過程は「導入→展開→まとめ」の三段階と、それぞれの段階における、個と全体の学習の配置、テレビ会議システム（UCSなど）による学習の場面がモデル図として整理され、いわば型が示されている。

やがて、第二期の2019年頃には、三段階の指導過程は継承されつつ、各段階の内容の要点とテレビ会議システム（UCSなど）での学習場面での学習活動の内容が示されている。

前章の 授業2〜4 は、いずれもこの指導過程に即したものになっている。特に 授業2 の指導略案は、この指導過程をもとに作られている。また一方で 授業2 は、1人1台端末の導入により、テレビ会議システム（UCS）と、グループ学習で Zoom を併用した遠隔システムを使用するなど新たな形態も導入されており、この指導過程は、教員や学校によって一定の裁量が保障された指標であることも確認しておきたい。

さらに、この時期には多様な考えにふれ、自分の考えと比較しながら理解を深める遠隔合同授業の目的に即して、児童の交流場面での指導過程＝「協働学習スタイル」として、2つの視点からの一般化も図られている。この指導過程はまた、児童の思考過程モデルとしても想定されていると考えられ、授業における学習活動の型と質を規定する指標となっている。

②3校型の１時間の授業の指導過程

　3校型の学習過程は2021年頃から5つの段階で構想されているが、基本的には徳之島型と同様の形と内容である。

　特徴は徳之島型の三段階の授業過程を、児童の学習活動に分節化して段階づけていることである。先に提示した 授業3、4 の授業記録からは、現在は「つかむ・みとおす」が一体化しており、四段階の指導過程というのが実態に近い。

　この指導過程の背景には、1時間の授業を、学校を超えて教

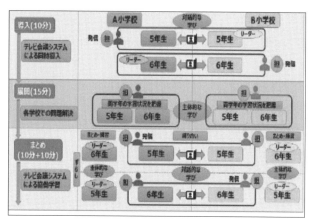

複式双方向型遠隔合同授業モデル

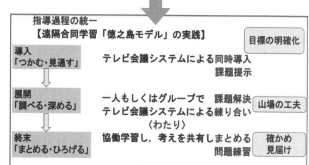

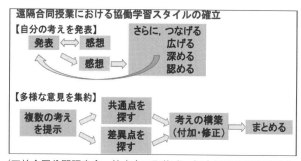

（四校合同公開研究会、徳之島三町複式・極小規模校部会研修会研究発表スライドより　2021）

師間で共有するデータベース化すると共に、それをPDCAサイクルにより共同でのアップデートを通して、授業改善に資するためのシステム

システムのプロトタイプとなる「問題解決学習テンプレート」

学習過程	作成したテンプレート（抜粋）	
つかむ なぜこの学習をするのか？ **必要性**	○ 単元全体の流れを把握する。	○ 本時の学習を確認する。
みとおす どの方法で解決できるか？ **自律性**	○ めあてを提示する。	○ 本時のゴールを確認する。
みつける どうすれば解決できるか？ **自律性**	○ 児童の困り感を可視化する。	○ 解決の見通しをもたせる。
交流する 他者はどう考えているか？ **関係性**	○ ノートの画像を貼らせる。	○ 交流後の変容したノートを貼らせる。
ふりかえる 達成感を感じることができたか？ **有用性**	○ まとめの記入	○ 振り返りの記入

（吹留 2021）

（「問題解決型教材共有ドキュメント」）開発への着想があった。システムの内容の概要は以下のようになっている。

・それぞれの段階で教師からの資料提示、電子ノート、電子板書での整理、

電子ワークシートを提示する。

- 児童は自分の端末を通して提示された資料、電子ノートへの自他の書き込み、電子板書の記述を見ることができるとともに、授業の記録も蓄積できる。（前章の 授業3、4 の授業記録中の、提示資料やドキュメント教材の画像がシステムの具体的内容である。）

③指導過程の型と質

　徳之島型は、各学校での複式授業と遠隔合同授業を併用しながら学習が進む。そのため、授業の配信校と受信校の単元での指導過程の統一によって、各学校の児童も自校と遠隔での授業の進め方への戸惑いは軽減される。同時に、教師もまた、学校を越えた指導過程を統一する共同作業を通じて、授業計画、教材開発、実際の授業における配信校と受信校の教師の役割分担や、授業後の検討などに向けた方向性を共有することができよう。この中でも最も重要と考えられることが、児童の交流や話し合いで何をどのように学ばせるのかを、授業における具体的な学習活動に即して構想することである。徳之島型の「共同学習スタイル」は、この一般化ととらえることができる。

　3校型でも、徳之島型と同様、学校を越えた教師間の指導過程の統一や、そこにおける過程の段階後の子供の学習活動イメージの共有は同様である。しかし、単元を通して同じ教師が授業を行うことと、対象児童も少なく、同教科を毎日のように相互に遠隔合同授業を行うので、段階ごとの学習イメージが、より具体的に共有されやすい。ここから「問題解決型教材共有ドキュメント」のような、ボトムアップ型の授業作りの共同体が現れはじめてきている。

　指導過程（学習過程）はややもすると、型にこだわり、教育目標を実現するための内容＝質が軽視されることにより、硬直した授業定型に陥ることになりやすい。徳之島町の2つの取り組みで、教師集団が常に「多様な考えにふれ、自分の考えと比較しながら理解を深める」基本線に立ち、指導過程を学習活動への具体化との往還から創り出していること、それらは授業の蓄積を通して更新されていることに注目することが重要である。

(3) 遠隔合同授業の下支えとしての学びの仕組み

　徳之島町のへき地複式学級間における遠隔合同授業が取り組まれはじめた2015年と現在の状況は大きく変化してきている。ここでは教育利活用に関わるICT環境の急激な変化の中で、複式授業の蓄積をどうとらえればいいかについて考えてみたい。

① ICT環境の変化と「学習規律」

　遠隔合同授業の指導過程（学習過程）の統一と共に、進められたものに、学習規律の統一がある。徳之島型はTV会議システムで配信校と受信校を繋いでの実施なので、それぞれの学校の教室を大きなモニターでそれぞれ見合う形式が基本になる。そのために板書の注意点や、コミュニケーションのためのゼスチャーやサインが作られてきた。音声についてはマイク、スピーカー、ヘッドセットの機能向上によって改善されてきている。

　徳之島型では、日常の複式授業の学習規律が、その延長線上に遠隔合同授業での学習規律になるよう工夫されていることと同時に、両者がコミュニケーション方法の違いから区別して設定されてお

遠隔合同授業における学習規律の統一について

【教師の指導面】
・ 画面に表示できる情報量は限られるため、伝えたい内容を精選して板書する。
・ 受信側に表示される大きさを考慮し、板書の文字は通常よりも大きめで書く。
・ 学習のめあては赤線で囲む。まとめは青線で囲む。
　（めあてやまとめは、できるだけ児童から出されたことばでまとめる）
・ 黒板の文字は白色・黄色を中心にする。
・ 複式双方向型で遠隔合同授業を行う際は、音読や群読を避け黙読を中心に行う。
・ 各校の児童名を氏名できるように、事前に写真を共有する。

【児童の活動面】
［話す・書く］
・ 小型ホワイトボードに書くときは、見やすいよう太めの字で大きく書く。
・ 発表する際は、大きな声でゆっくり話す。
　⇒ タイムラグがあるため、文を連続で言わない。ゆっくり間を開けて話す。
・ 相手に分かりやすく伝わるように工夫して話す。
・ 根拠（事実・理由）をはっきりさせて話す。

　《話型の例》
　◎ 伝えるとき
　「聞いてください（発表します）。○○だと思います。
　　理由は～～～だからです。　　どうですか。」
　◎ 聞くとき（発表者を見て）
　「分かりました。」「付け加えがあります。」「ほかにもあります。」
　「もう一度言ってください。」（聞こえなかったときや分からなかった場合）

［聞く］
・ 「はい（聞こえます）」「いいえ（聞こえません）」の意思表示カードを使用する。（赤・青カード板）

［身につけさせたい学習態度］
・ 主張の根拠に気をつけて聞く
・ 自分の考え（主張・根拠）と比較して聞く
・ 友達の発表に積極的に感想やお礼を言う

（四校合同研究会資料より 2020）

り、学校・学級間を越えて、子供の学習活動を円滑に進めるための工夫が認められる。

　画像、音声に関わる問題がICT機器の性能向上によって改善されてきたとはいえ、このような意思疎通への配慮によって、教師も子供も遠隔合同授業による「相手意識」の定着と、その平素の授業への波及を関係者は実感しているという。

遠隔合同授業・普段の授業での学習規律（抜粋）

	遠隔授業に関する学習規律	普段の授業に関する学習規律
黒板の表記	・学習のめあては赤線で囲み、まとめは青線で囲む。 ・黒板の文字は白と黄色を中心とする。	・黒板の文字は赤、青、白色などを中心とする。
発表の仕方	・その場の機器の近くで、大きくゆっくり話す。	・指名されてから、起立して発表する。
話の聞き方	・うなずくなどして考えの同調や相手の考えを受け入れている態度が伝わるようにする。	
	・意思表示カードを使用して、聞こえているのかを伝える。	・必要に応じ、メモを取り、質問や意見を用意しておく。
文の読み方	・黙読を中心に行う。	・音読や群読等、多様な読み方に親しむ。

（福宏人 2020）

②ガイド学習の位置づけ

　学校間で統一した「ガイドの手引き」を教科ごとに開発している。ガイド学習は、複式授業の間接指導を補助する機能とともに、児童の自力解決や学習の自治を醸成する役割も同時に果たしてきた。遠隔合同授業によりわたりやずらしが原則的には必要無くなるが、徳之島型では単元が複式授業と遠隔合同授業により構成されているため、複式授業でのリーダー学習は従来通りに必要となる。さらに遠隔合同授業でも、意識的にガイド学習が取り入れられているが、そのことによってそれぞれの学校での日々の授業の延長線上に遠隔合同授業が自然と位置づくことになっている。

　また、遠隔合同授業におけるリーダー学習が、各学校での複式授業におけ

る学習リーダーを担う際の学びとして、あるいは各学校における教師にとっての学習リーダー指導への刺激としても位置づくという新たな意味も、結果として付け加わっていると考えられる。

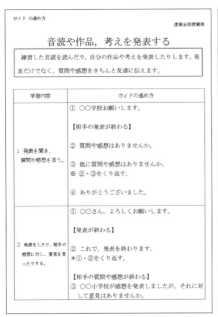

ガイド の進め方　　　　　　　　　　　　　　　　　遠隔合同授業用

音読や作品，考えを発表する

練習した音読を読んだり，自分の作品や考えを発表したりします。発表だけでなく，質問や感想をきちんと友達に伝えます。

学習内容	ガイドの進め方
1 発表を聞き，質問や感想を言う。	① ○○学校お願いします。 【相手の発表が終わる】 ② 質問や感想はありませんか。 ③ 他に質問や感想はありませんか。 ※ ②・③をくり返す。 ④ ありがとうございました。
2 発表をしたり，相手の感想に対し，意見を言ったりする。	① ○○さん，よろしくお願いします。 【発表が終わる】 ② これで，発表を終わります。 ※ ①・②をくり返す。 【相手の質問や感想が終わる】 ③ ○○小学校が感想を発表しましたが，それに対して意見はありませんか。

ガイド の進め方　　　　　　　　　　　　　　　　　遠隔合同授業用

考えをまとめる（算数）

一人調べたことを発表し合って，どの考え方が，速くて，簡単で，分かりやすいかを話し合います。そして，学習のまとめをします。

【タブレットを使うとき】

学習内容	ガイドの進め方
1 考えを発表する。	① 自分の考えを写真でとってください。 【相手の学校と】 ② 同じ考えだと思うものを発表してください。 ③ 他との考えと違いが分かるように発表してください。 ④ ・・・の考えに質問はありませんか。 ⑤ 他の考えを発表してください。 ※ ④・⑤をくり返す。
2 予想とくらべる。	・ 自分の答えの予想とくらべてください。
3 考えを交流する 4 学習のまとめをする。	⑥ ○つの考えが出ましたが，どのようにまとめたらいいですか。発表してください。 ※ 発表がないときは… 　→ どの考えが，速くて，簡単で，分かりやすいと思いますか。発表してください。 　→ 近くの人と話し合ってください。 ⑦ 他にありませんか。 ⑧ 今日のまとめは，…でいいですか。 ⑨ ノートに書いてください。

（四校合同研究会資料より　2020）

③個へのまなざしに支えられた評価と個別最適化

　徳之島町の複式学級間の遠隔合同授業は TV 会議システム（UCS など）で、少人数の教室間を繋ぐところから出発したこともあり、学習活動においては個々のノート指導、発表指導と板書構成は、それまでの指導の蓄積を共有し、統一することが目指されてきた。そこには遠隔合同授業を複式授業の延長線上に位置づけるという原則が流れていたと言える。

　1 人 1 台端末が導入された後も、先の原則を本線とし、端末を児童の学習活動において集団による交流を保障するためのツールとして位置づけてきている。

　少人数での遠隔合同授業であるため、当初は指導過程の各段階で、ノートや小黒板に書いたものを、TV 会議システム越しに提示したり、電子黒板の機能を用い、同時に意見を書き込んだりしてきた。各児童に端末が行きわた

り、Jamboard や Google ドキュメントなどで同様の活動が可能になった後も、子供たちの学習の過程を教師が板書に整理しつつ、授業が進むスタイルは踏襲されている。

　新たな取り組みである 3 校型でも、指導過程の各段階に「問題解決型教材共有ドキュメント」への書き込みと、それを言葉で発表することを全ての子供に要求する学習訓練の意図的指導が認められる。同時にその書き込みや、発言を踏まえて板書を構成しながら、集団で集約させる指導も同様である。そこでは板書と同様のドキュメント画面が並行して作られ、子供たちはドキュメントに書き込む内容と同じものを自分のノートに手書きする指導が行われている。（前章の 授業3、4 の授業記録では、この様子の具体的プロセスを見てとることができる。）

　3 校型にとりくむ教師たちは、このような指導形態のなかで、デジタルかアナログかに迷いながら、結果としてその併用を選択した。教師たちは使用学校段階の板書とノートによる指導形式を通して、個々の子供の学び方や授業における思考を把握することの重要性を遠隔合同授業にも適用したのである。

　しかし一方では Jamboard や Google ドキュメントなどを用い、指導過程の各段階で書き込まれた一人ひとりの児童の記述は、ポートフォリオとして児童、教師ともに学びの履歴として活用が可能であり、実際にそのような運用もされてきている。少人数を対象としているために、きめ細やかに一人ひとりの児童の学びの状況把握と、それに応じた指導に活用される。かねてより少人数の複式学級は、教師が児童の実態把握と対応ができることは指摘されてきているが、そこに具体的な学びの状況のデータ蓄積とその活用が加わることは、まさに個別最適な学びへの可能性を開くことになるだろう。

　例えば 3 校型で紹介した問題解決型教材共有ドキュメントは、前時の振り返りや、単元末の振り返りで児童の総括の材料として用いられている。同時に教師にとっても個々の児童の時間ごとの到達度や定着を見とったり、学びの履歴の蓄積から、総括的な評価を行ったりする際の有効な資料となる。指導と評価の一体化に資する、1 つの複式遠隔合同授業開発モデルとしてとらえることができる。

3　徳之島町の遠隔合同授業から学ぶ

　ここまで徳之島町で実施されてきた教科に関わる遠隔合同授業について、実施のための要件とそこから学ぶことができることを、いくつかの視点から検討してきた。

　徳之島町のへき地複式小規模校における遠隔合同授業の取り組みは、ICTの教育利活用を進めること自体が目的でなく、自らの教育活動における課題を自覚し、その克服のためにICTをどう用いるかという一貫した立ち位置で貫かれていた。

　また、学校間を越えた取り組みの中で、遠隔合同授業開発のための共通理解を図りつつ、一方では具体的なICT利活用の方途の裁量は、教育的効果の実験と検証を導く当事者である教師や学校の裁量に任されてきていた。さらに、そのことによって、徳之島型と3校型にみられる多様な遠隔合同授業と、その中での多様なICT利活用がなされてきたが、それは硬直化した既有モデルの踏襲ではなく創出がなされてきたことを確認できた。

　これから複数の学校間の複式学級を繋いで遠隔合同授業開発を考えている学校や教師へ向けた1つの提案として、まず徳之島町で実施してきたように、児童一人ひとりの端末を繋ぐのではなく、2つの教室をそれぞれの教室の大画面モニターで繋ぐことから始めてみてはどうだろうか。そこからコミュニケーションの補助として、次に一人ひとりの端末を活用する段階に入り、3校型のような遠隔合同授業システム構築の段階に入るという筋道である。本章の冒頭で、徳之島町の遠隔授業のあゆみを示した理由は、先達が通ってきた道を踏襲しながら、自らの遠隔合同授業を作ることの意味と意義を伝えたいという思いからであった。

　徳之島町では、朝の会や修学旅行など特別活動、北海道・滋賀県・茨城県などの学校との遠隔授業にも取り組んできている。また地域の歴史や豊かな自然環境に関わる体験や経験を通した総合的な学習の時間の蓄積を、徳之島の世界自然遺産登録を契機に発展させる取り組みも始まりつつある。

　主に教科書に即した日々の学びとしての教科の遠隔合同授業の教育内容に、教科以外の豊かな学びを取り込み、遠隔合同授業の教育内容研究を再構成する

ことで、徳之島町の遠隔合同授業はさらに発展する可能性を秘めている。さらなる今後の展開に期待したい。

【参考文献・資料】
・(1) - ①の内容については、主に 2022 年 8 月 31 日に、徳之島町教育委員会で実施した、徳之島町教育長・福宏人氏からの聞き取りによるものである。
・(2) -1) - ②の児童の所感は 2022 年 10 月 4 日に、尾母・手々・山の 3 小学校で行った児童への聞き取りによるものである。
・(2) -3) - ①の教師の所感は、2022 年 3 月 16・17 日に、母間・花徳の 2 小学校で行った教師からの聞き取りによるものである。
・(3) -3) - ③教師の所感は、2022 年 10 月 4 日に、尾母・手々の 2 小学校で行った教師からの聞き取りによるものである。
・赤崎公彦、「小規模校同士の遠隔合同授業による複式指導の充実」、2018 年度日本教育工学協会第 44 回（川崎）JAET 大会研究発表論文（2018.11）
　http://www.jaet.jp/repository/ronbun/JAET2018_E-3-10.pdf（2022.12.1 確認）
同様の資料は以下にも掲載されている。
・福宏人、「遠隔合同授業で児童同士の学びと交流を広げる─『徳之島型モデル』の概要と成果─」、
　「月刊 J-LIS　8 月号」（地方公共団体情報システム機構、2020.8）
・吹留恭平　「1 人 1 台端末を活用した複式双方向遠隔学習の実践　〜第 4・5 学年社会科における徳之島型モデルの踏襲と深化〜」、奄美実践記録、(2021)
・徳之島町教育委員会提供、R 2「四校合同研究会資料」
・徳之島町教育委員会提供、母間小学校「R 3 遠隔合同学習全体計画」
・徳之島町教育委員会提供 R 2研究公開資料「隔合同授業における学習規律の統一について」
・徳之島町教育委員会提供、R 2研究公開資料「遠隔学習ガイドの手引き」

遠隔合同授業の可能性を求めて

徳之島町立母間小学校
校長　青﨑　幸一

　本校は、徳之島の東海岸に面したところにあり、児童数は43人、1・2年単式学級、3年以上複式学級、特別支援学級1学級を加えた5学級の小規模校である。

　私が遠隔合同授業を知ったのは3年前、本校赴任が決まったときである。ICTに詳しくないこともあり、着任前の遠隔合同授業への不安は大きかった。しかし、実際、遠隔合同授業を参観すると、日常の授業の一コマとして、自然な流れで授業が展開されていた。大きなスクリーンに映し出された近隣校児童と本校児童の笑顔から遠隔合同授業が児童にとって特別ではないのだと感じた。児童の主体的な活動の様子から遠隔合同授業に対する不安は期待へと変化していった。

　本校の遠隔合同授業への取り組みは、平成29年度に文部科学省指定の研究協力校、令和2年度に大島地区「ICT利活用」研究協力校として研究公開を実施し、10年以上続いている。その結果、日本教育工学協会より学校情報化優良校に認定され、教職員支援機構のNITS大賞での優秀賞受賞等、本校の遠隔合同授業「徳之島型モデル」は高く評価されている。「徳之島型モデル」とは、複式学級同士の2校を繋いで、各学年を1つのバーチャルクラスとして複式を解消し、それぞれの担任が指導を行う遠隔合同授業のことである。

　遠隔合同授業を実践することで、児童と職員の成長という視点から大きな可能性を感じている。算数科や国語科においては、児童の考えを交流させる場面で繋ぎ、多様な考えに触れたり、相手意識を持って活動したりすることで思考力や表現力の育成が図られている。また、本校に赴任した当時、ICT機器操作スキルが高くない職員も、年間を通した校内研修や遠隔合同授業の実施、近隣四校との定期的な合同研修会に参加することで1年後には、ICTに関するスキルが向上している。さらに、職員同士が遠隔授業の授業を相互参観したり、機器接続の協力を自然と行ったりすることで、同僚性の高まりも感じている。コロナ禍は収束の方向に向かっているが、本校の遠隔合同授業で培ったリモート時の配慮事項や電磁黒板・タブレットを活用した授業展開等は、リモート授業の多くの場面で有効に活用できる。だからこそ、今後の社会情勢の変化のなかで、「子供の学びを止めない」という観点からも遠隔合同授業をさらに推進していきたい。

6章

遠隔合同授業を通じた教師の学び合いと
チーム学校力の向上

北海道教育大学へき地・小規模校教育研究センター センター長　玉井　康之

1　徳之島町教師の学び合いを通じた教師の成長感と教員研修会の運営

（1）個人と組織を繋ぐ教員研修の理念と方法

　教員研修は様々な形態があるが、教師から見た学びの形態も多様化している。教員研修の伝統的な在り方は、講師による講習・講義など知識・技能・情報を有する人達が発信し、それを他の人が取り入れていく一方向の在り方が主流であった。また校内研修では、学校課題や公開研等のテーマに合わせて学校全体で教育実践を開発していくものが多い。

　一方研修の在り方も個々人にとって役立つ内容を追求することが重要になっているが、知識・技能・情報を得ることに加えて、それを自分の実践にどのように活かしていくかの「研修転移」(注1)が重要な課題となっている。「研修転移」の理念が普及してくる中で、知識・技能・情報を活用するための集団的な討論やワークショップも、実践を状況に合わせてアレンジしていく上で重要になっている。この集団的な討論やワークショップも重要であるとすれば、日常的な教師相互の学び合いやアドバイスも、教師の指導技能を発展させる研修として重要な成長機会となる。特に日々の実践と教師間の中での相互の具体的な振り返りは、新たな気づきをもたらす日常的な研修となる。この教師間の実践交流を通じた学び合いと実践改善は、日常的な「研修転移」として位置づけることができる。

　徳之島町では、個々の教員の成長を支援する研修としては、①日常的な遠隔合同授業による相互授業視聴と交流、②学校内の校内研修会、③学校間の遠隔合同研修会が、年間を通じて定例化されている。特に日常的な遠隔合同授業は、相互に授業を見せ合いながら、他校の教師の授業展開から学ぶと共に、自分の授業については公開してアドバイスをもらっている。このような学校間の遠隔合同授業は、学校を超えた教師間で毎日授業公開していることと同じで、自分の授業を素材とした身近で日常的な研修となっている。

(2)「学校間合同研修会」の定例化と運営方法

　また校内研修会に加えて、「学校間合同研修会」を年に4回学期ごとに定例実施するようにしており、個人の授業実践に基づいた個人研修と学校全体の組織研修が密接に結び付く形態を構成している。「学校間合同研修会」の運営は、「合同研修推進委員会」が担当するが、「学校間合同研修会」の年間4回の行事日程に沿って、「合同研修推進委員会」も年に4回実施の年間行事計画に入れてある。すなわち、研修会の準備を含めて委員会の年間スケジュールに入れて運営の段取りも決めておくことによって、「合同研修推進委員会」の研究打ち合わせを含めた「学校間合同研修会」がシステム的に運営できるようにしている。

　校内研修会は、年度初めの年間行事計画の中に入れて、どの学校も月に3回程度週前半の特定曜日の放課後に設定し、毎週後半曜日は、分掌組織・学年組織からの提案と事例研修の日に設定している。遠隔合同授業の実施日程に合わせて、校内研修会を開催するようにしており、この校内研修会も年間行事計画に入れることで、最初に個々の研修活動を予定している。

　校内研修内容は、むろん遠隔合同授業に関わることだけでなく、複式指導・協働学習指導・教科学習指導・地域文化教育や地域探究学習・学級経営・生徒指導・コミュニケーションスキル教育・家庭生活指導・グローバル教育・情報モラル教育とプログラミング教育等の現代的課題・県外からの離島留学指導など、あらゆる教育課題内容を取りあげている。これらの学校独自の設定課題が、教師間の交流を通じて学校間で情報交流されるので、結果として学校間の全体的な研修内容にも反映されていく。すなわち年間20回以上の遠隔合同授業による研修と20回以上の校内研修と年8回の「学校間合同研修会」の3段階の研修構造となっているが、研修の様々な段階レベルを個々の教師が年間を通じて意識している。

　これらの組織研修会は、個々人が毎回自分の授業を元にして他校教員と交流しているために、個人の実践課題解決が組織的な研修課題となり、また組織的な研修も個人の研修と結び付きやすくなる。個人の課題解決の中から全体的な新しいアイデアも出てくる。例えば、「効果的なICTの利活用を図ることで、少人数・複式指導の充実を図ることができるのではないか」「小規模校の

特性を活かした ICT の活用方法があるのではないか」という仮説や課題を立て、それを実際に工夫した個人の取り組みと交流、および全体の取り組みの方法の仮説を立てて、個人のアイデアと学校全体の課題を共有していく。このような各学校の実践研究仮説は、どの学校でも類似の仮説を立てており、各学校で試行的に取り組んだことが、また学校間で交流されている。

（3）遠隔合同授業の簡略化と実践の考え方

　遠隔合同授業の準備の時間は個々の教師に負担にならないように、公開研の準備のような事前打ち合わせの時間をほとんどとらないで、略案と授業まとめ等の簡略打ち合わせで実践しながら改善していくことにした。また簡単な打ち合わせを継続的に行うことで、長期的に遠隔合同授業を振り返ってみると徐々に会得できることが増えてきて、いつのまにか「自分の成長のために良かった」という長期的な成長意識も高まっている。自分の中に取り入れて無意識のうちにできるようになるためには、長期間要するものであり、事前の計画だけに時間を費やすよりも、実践過程で試行錯誤しながら改善していく方がより発展的に遠隔合同授業に取り組むことができるという考え方である。個人の学びによる成長意識と参加意識は、研修会の必要条件なので、徳之島町の遠隔合同授業は、それ自体が学び合いの研修になっているという長期的な実感認識となることが重要である。

　次項以後では、徳之島町の 5 校のへき地・小規模校の教師アンケートを元にして、遠隔合同授業を通じた教師の学び合いの意識と成果をとらえていきたい。2022 年教師アンケート（注2）は、遠隔合同授業を実際に担当している 5 小学校（花徳・母間・山・手々・尾母）の管理職を除く 17 名の小学校教師を対象にし、17 名全員の返答があった。アンケートの各項目は、【5 強い、4 少し強い、3 普通、2 少し弱い、1 弱い】の 5 段階選択でその割合を % でとらえている。どの項目もすべて 64% 以上の高い教育効果を認識しており、数字自体の差はほとんどないため、基本的には高い教育効果の中での相対的な比較をとらえておきたい。

2　遠隔合同授業による教師間の学び合いと負担軽減による学校力の向上

(1)　徳之島町赴任前後における教師の遠隔合同授業の意識変化

　徳之島町では ICT 操作に長けた教師が最初から集まったわけではない。徳之島町の人事も基本的に鹿児島県の人事方針に基づいて人事異動が行われている。徳之島町教師の赴任前後の意識を見ると、82.4% が、「赴任前に遠隔合同授業についてはあまり知らず、赴任前は大変不安だった」としている。

　一方で全員が「赴任後に現地で見てから遠隔合同授業の方法については学びたいと思った」としている。このことは、ほとんどの教師が遠隔合同授業を知らないで赴任しているが、赴任して子供の教育効果等を考えて、遠隔合同授業は必要だと感じたことを示している。多くの教師は、赴任決定後にインターネットで遠隔合同授業を検索しつつも、実際にどんなものかはわからなかった人が多い。そのため、早く授業参観を希望し、実際に遠隔合同授業の授業参観を行った教師が多い。

(2)　遠隔合同授業による教師間の学び合いと教師から見たメリット

　遠隔合同授業の当初の目的は、複式学級を初めて受け持った教師や複式授業に慣れていない教師が多いので、遠隔システムを用いて単式授業にすることを想定していた。しかし、教師から見た遠隔合同授業の良さとしては、①「遠隔合同授業を実施する過程で、教師が交流し率直に意見交換や質問することで学び合える」が 70.6% で最も多い。すなわち複式解消よりも交流自体にメリットがあったということである。交流のメリットの次に、②「複式から単式にすることで授業準備・授業展開がしやすくなる」ことと「"わたり・ずらし"等が少ないので、単式授業の基本的な指導に集中できる」ことにメリットを感じる人が多い。

　このように「わたり・ずらし」等の複式授業の難しさの克服も課題ではあるが、教育活動や授業方法の開発は、遠隔教育以外にも全般的に広がるものであり、子供のつまずきに対応した様々な実践方法を交流できることがメリットとして意識されている。この教師間の交流自体が日常的な研修となっている。

　自由記述の意見では、①「遠隔合同授業で教師の横の繋がりが増えることは

色々な面からも良かった」、②「コロナ禍で会える機会が少なかったが、親密な関係を築ければ、同じ方向を向いて遠隔合同授業に取り組むことができるのではないかと思う」、③「堪能な同僚が校内にいるので、機器の準備や授業への取り組みなど助かっている」等の同僚間の繋がりの必要性に関する意見も多く出されていた。教師どうしも顔が見える関係を高めれば、遠隔合同授業もいっそう効果的に取り組みやすくなると言える。

(3) 遠隔合同授業に取り組む教師の負担軽減の試みと学校力の向上

　徳之島町の遠隔合同授業に取り組む教師の姿勢としては、遠隔システムを使うこと自体を目的にするのではなく、①「子供にとってのプラス面とマイナス面の両方を検討しながら進めていく」ととらえる教師が94.1%を占めている。実際には、遠隔合同授業を推進しながら、振り返り総括や合同研修会を通じて改善を進めており、マイナス面が出たら、それを克服する他の方法を試行的に工夫するようにしている。そのため、遠隔合同授業は新たな未知の取り組みではあるが、同じく94.1%の教師が、②「困難な中でも実践を繰り返す度に自分の授業実践力も高まっている」ととらえている。③「遠隔合同授業は、長期的に取り組みながら改善していくと思う」と考える教師も82.4%いる。

　また遠隔合同授業を通じて、子供の成長・成果・エピソード等を教師相互に共有して教育活動に生かすことで、授業以外の多面的な子供理解に関する情報交換を教育活動・指導に生かしている。すなわち遠隔合同授業を通じて、授業だけでなく授業内外の教育活動と子供の様子について情報交換を進めている。

　一方遠隔合同授業の目的が良くても、新たに取り組む負担が大きくなれば、遠隔合同授業は継続していかない。そのため徳之島町では、負担を軽減できるように遠隔合同授業前の打ち合わせ・準備は簡略化している。実際に遠隔合同授業をできるところから実施して改善を加えながら進めていくことを確認している。指導案についても、簡潔な略案等で準備を少なくして、試行錯誤しながら実践する方が効果的であるととらえている。

　略案による省力化だけでなく、授業展開方法についても、相互に取り入れられるところを順次取り入れることで、逆に準備や打ち合わせがいらないように

している。準備の負担を軽減するための工夫としては、①「短くも回数を重ねたオンライン定例会議」、②「打ち合わせの定例化」、③「打ち合わせの要点化と簡略化」を心がけている。

　また教職員間で相互に教え合うことも、1人で対応するよりも効率的に実施できる条件となるために、①「うまく展開できない際の個別相談とカンファレンス」、②「ある程度活用できる経験者に尋ねること」、③「細かい改善課題も見逃さないで、積極的に提案すること」、④「新しいアイデアを提案すること」、⑤「若手教師に尋ねること」、⑥「ベテラン教師に尋ねること」などを相互に心がけて、負担の軽減を図っている。お互いが気楽に聞けるようにすることを確認することは、個々の教師にとっての交流の効果と研修の実質化を高める上で極めて重要である。

　結果として、遠隔合同授業による教師の負担は一定あるが、①「遠隔合同授業によって、子供の成長が大きいこと」、また②「教師の成長もあること」の意義の方が利点として大きいととらえている。その結果、徳之島町の教師は、早くから遠隔合同授業に先駆的に取り組んで来たことを良かったと感じている教師が多い。

　自由記述の意見では、①「遠隔合同授業は当初は非常に準備が大変でしたが、在籍児童が他校の同学年と学びあえる環境を作り出したいとの思いで進めてきました」、②「3年研究してきてノウハウをつかんだ今、負担に苦しむ先生方に授業方法を提示できればと思っています」との継承の思いや、③「新たな方法をどんどん取り入れていくことも、負担軽減に繋がると思う」との逆説的な負担軽減の可能性についても言及されている。

　このような打ち合わせを簡略化するなどの負担軽減の取り組みを進めながら、同時に学び合いにより教師が成長することが、負担軽減に繋がっている。このような負担軽減と教師の成長が学校力の向上の基盤になっていると言える。

3　緩やかな学校間の指導方法の共有化・統一化による教育活動の展開と学校力の向上

　徳之島町では、学校間で遠隔合同授業を進めるために、校時表に加えて、様々

な授業指導方法についても、ある程度指導方法と補助教材等を共有化・統一化している。教育活動の共有化・統一化の効果は、当然であるが94.1％の教師が、①「学校間の遠隔合同授業を進めやすくなる」効果があるととらえている。また共有化・統一化により、②「他の教師の指導観点を共有することができる」効果も76.5％の教師が感じている。これによって教師間で、③「新しいアイデア・改善提案に統一されて、全体の水準が向上する」ととらえている。基本的なへき地・小規模校の指導方法も共有化・統一化されるため、子供にとっても、④「ガイド学習など、学校間の違いを超えて子供が授業運営を自分で進めやすくなる」効果もある。また若手教師にとっては、⑤「ベテラン教師の技能が若手に伝わりやすくなる」、⑥「若手の指導力が急速に上がっていく」等の技能伝播効果もあるととらえている。

　しかし指導方法の統一化は、あまり細かい部分までの統一を進めると、教師の創意工夫が失われたり、技能的に会得できていない部分については、個々の教師にとって負担になる。そのため徳之島町の遠隔合同授業に関しては、合意の中で基本的な部分で取り組めるところを共有化・統一化することにし、あとは教師間で相互に信頼して、ある程度個々の教師の進め方に委ねるようにしている。

　徳之島町では、どのような指導方法を共有化・統一化しているかを以下とらえてみる。

　第1に、前提条件を定めるために、相互に共有化・統一化する方向で検討している基本的な指導方法は（表5-1）、①「校時表及び年間行事計画の統一化」、②「課題提示の方法」、③「単元目標・めあて・課題内容等の共有化」、④「授業全体の見通しの提示」、⑤「ふり返りシートの統一化」、⑥「学校間の授業発表方法・まとめ方法の統一化」、⑦「学習規律」がある。これらの指導方法は、授業の大きなめあて・まとめと授業の流れを構成するもので、この大きな授業課題を共有化・統一化することで、遠隔合同授業を進めやすくすると共に、教師の指導力も高位平準化していく。特に②「課題提示の方法」と⑤「ふり返りシートの統一化」については、ICTの教育機能を活用することで、指導方法がより効果的・効率的になったととらえている。

表5-1　基本的に共有化・統一化する方向で検討している指導方法

	項目
①	校時表及び年間行事計画の統一化
②	課題提示の方法
③	単元目標・めあて・課題内容等の共有化
④	授業全体の見通しの提示
⑤	ふり返りシートの統一化
⑥	学校間の授業発表方法・まとめ方法の統一化
⑦	学習規律

　第2に、指導方法を統一化するわけではないが、相互に公開しながら、取り入れられるところを共有化していく指導方法は（表5-2）、⑧「授業展開・学習過程・指導過程の統一」、⑨「ガイド学習方法の統一化」、⑩「発問の方法」、⑪「指示・説明の方法」、⑫「討論方法や異論提案の方法」、⑬「板書の方法」がある。これらの指導方法は、説明方法を含めた指導過程に関わるものである。これらの指導方法は個々の教師の個性や関心にも由来するもので、それぞれの教師にあった指導方法を各自が試行錯誤しているものである。これらの指導方法についても相互に授業を見ながら、自分の技能として取り入れられる指導方法を検討・共有している。

表5-2　相互に指導方法を学びながら共有化している方法

⑧	授業展開・学習過程・指導過程の統一
⑨	ガイド学習方法の統一化
⑩	発問の方法
⑪	指示・説明の方法
⑫	討論方法や異論提案の方法
⑬	板書の方法

　第3に、ある程度個々の学級・教師に委ねられている指導方法は（表5-3）、⑭「自力解決と共同解決の学習方法の作成と統一化」、⑮「フラッシュカードの共有化」、⑯「自己学習（ノート・学習方法）の統一化」、⑰「学習発表会の発表方法・朝の会と帰りの会発表方法」、⑱「スローガン・学級目標の共有化と具現化過程の共有」がある。これらは直接的に遠隔合同授業に関係するものではなく、日常的な学級運営の方法であったり、個別指導・家庭教育に関する指導方法である。

表5-3　ある程度個々の工夫に依拠しながら、共有化もしている方法

⑭	自力解決と共同解決の学習方法の作成と統一化
⑮	フラッシュカードの共有化
⑯	自己学習（ノート・学習方法）の統一化
⑰	学習発表会の発表方法・朝の会と帰りの会発表方法
⑱	スローガン・学級目標の共有化と具現化過程の共有

　このようにそれぞれの指導方法については、遠隔合同授業を進める上での基本部分は概ね共有化・統一化することによって、担任教師・授業担当教師が変わっても子供が混乱せず、どの教師が教えても最低限の授業到達目標を遂行できる。その上で教師自身が授業展開で工夫したり、開発した教材や指導資料を共有することによって、取り入れられる部分については、相互に学び合い、指導技能を高め合うことができる。このように様々なへき地・小規模校教育の方法や遠隔合同授業に関する指導方法を共有化・統一化することで、教育活動が多面的に展開し、その結果として学校力が向上していると言える。

4　遠隔合同授業による子供の成長と学校力の向上

(1) 遠隔合同授業による子供間の学び合いによる成長と学校力

　子供の成長条件の1つとしては、同年代で同じ立場の子供どうしの交流が本来的に重要である。教師から見ても、遠隔合同授業による子供の成長は、①「他校との交流によるコミュニケーション力」、②「他校と議論することによる視野・視点の拡大」、③「他校との協働関係による子供間の人間関係調整力」などの社会的成長に繋がっていると評価している教師が82.4%いる。

　一方元々の島内の子供たちは学校が異なっても、学校を超えて一体的な意識や信頼感も強いので、他校への排他的競争意識や自校意識は高くない。すなわち競争意識・対抗意識というよりは、町内の学校間の多様な交流・人間関係づくりを通じてコミュケーション力や視野を拡大することが教育効果として大きい。教師の自由記述を見ても、「同学年の子供の交流」「多様な意見による刺激」「多人数の前での発表」なとが子供の成長に繋がっているとしている。

　教師の成長感に加えて、研修参加のもう1つの重要な動機は、それによる子供の成長である。徳之島町では、子供自身が、①「他校の子供と交流できるこ

とは、大変楽しい」、②「授業の中で色々な意見に触れることができた」という意見が多く、子供の社会的な成長や多面的思考力の育成にとって効果があることを教師も確信している。その結果徳之島町では、遠隔合同授業の導入とそれに関する研修も、それによって子供の成長にプラスになるのであれば、遠隔合同授業の導入を進めることを確認している。この子供の成長が研修の必要感にもなっており、この子供の成長実感が学校力を高める条件となっている。

(2) 子供の学習効果と学校力を発揮する遠隔合同授業の学級人数と極小規模教育

多様な意見交流を促進する遠隔合同授業は、自校の見慣れた子供どうしを超えて他校との話し合いや発表を伴うため、発表するために自分の意見をまとめたり、相手に伝わるような表現力を高めることになる。教師から見た遠隔合同授業の最も大きい学習活動効果は、①「他校への発表・まとめによる思考力・判断力・表現力等全般的な認識力の向上」(88.2%)、②「アプリケーションの拡大による学習活動の効率化」(82.4%)、③「ICTの情報収集による好奇心や自律的な探究活動力の向上」(82.4%) に学習効果があるとしている。また、④「他校との高め合う学習意識や学習上の切磋琢磨の意識」、⑤「他校と議論することによる多面的・総合的な認識力の拡大」などの学習効果があると評価している。

一方で遠隔合同授業を進めることで、日常的な学級経営に支障を来したり、生活指導や教師の影響力が低下するなどの問題点を感じる教師はいない。これはへき地校は少人数であるため、元々の学級内の信頼関係や教師と子供との信頼関係も強いことが背景にある。

自由記述意見では、①「これからの時代は、情報を取捨選択して発信したり、他者の意見を聞いて自分の考え方を広げる教育活動を行うことが教師の喫緊の課題である」、②「遠隔合同授業で各自の意見と自分の意見を比較できることが児童の思考力・表現力の育成に繋がっている」、③「同学年の子供たちの意見を聞けること、大人数の前で発表できる経験は、子供の成長に繋がっている」、④「離れていても、他校の児童と交流できることを子供たちは楽しんで学習し

ている」、⑤「遠隔合同授業は今後さらに発展すべきである」など、遠隔合同授業による多様な交流や思考力・表現力の育成に繋がるとの評価と期待感も出されている。

　一方、遠隔合同授業が効果的に展開する人数については、「人数が多くなりすぎると子供の見取りも難しくなる」「人数が多いと全員の子供の思考過程やつまずきを拾えず、教師主体の授業になってしまう」「子供の数が多くなると、遠隔合同授業ではマイナス面が大きくなる」ととらえる教師も少なからずいる。

　徳之島町の教師は、遠隔合同授業ができる人数としては、8人以下であれば遠隔合同授業で対応できると考える教師が多い。すなわち9人以上になると単式学級となるが、単式学級になる学級規模の場合には、遠隔合同授業はメリットが小さくなるととらえている。総合的な評価として、複式学級では、88.2%の教師が、遠隔合同授業はマイナス面よりもプラス面の方が多いと考えており、遠隔合同授業がマイナスになると考える教師は0%であった。

5　学び合いの研修フィードバック体制と学校力の向上

(1) 教師と学校の研修フィードバック体制と各校の実践改善の成果

　遠隔合同授業は、学校間を超えた実践なので、本来的には"教師個人"・"学校全体"・"学校間"のそれぞれ別の実践方法が展開しうる。一方この別の方法を様々な交流の中で共有できれば、より良い実践方法を抽出・選択し相互に発展しうる。徳之島町の遠隔合同授業に向かう研修の考え方としては、教師個人の実践方法、学校全体の実践方法、学校間の実践方法、の3つの教育実践方法の共有化を進めるために、それぞれの授業の進め方を交流しながら、合同研修会等の研修活動に取り入れることにしている。そのためには研修課題提案の流れが、個人・組織・学校間の双方向の流れで情報交換が展開していく必要がある。

　遠隔合同授業の基本的な改善提案としては、"教師個人の課題→学校全体の課題→学校間の課題"の流れで問題提起や研修課題提起を行い、逆の流れとして、"学校間の課題調整→学校全体の課題調整→教師個人の課題調整"の流れで調整を進めていく。徳之島町では、このような"教師個人・学校全体・学校間"の検討課題の双方向のフィードバックの繰り返しが各学校の実践の改善に

とって重要であると考えている。この研修フィードバック体制が、個人研修と学校組織研修と学校間研修の一体的運用を構成している。

このような研修フィードバック体制では、個々の教師も様々な調整をしなければならないが、一方で個々の教師にも様々な情報が入り、教師の実践も豊かになってくる。徳之島町の教師の88.2%が「フィードバックの繰り返しによる研修システムによって、各校の実践改善に成果がある」と回答している。またこの研修システムにより、研修会の定例化・拡充の必要性の意識も高くなっている。このような研修フィードバックによる各校の実践改善が学校力の向上に繋がっている。

(2) 遠隔合同授業実践による教職員の研修意識の向上と学校力の向上

遠隔合同授業は、当該教師間の授業を公開していることになる。徳之島町では76.5%の教師が、①「遠隔合同授業が結果として教師相互の互見授業等の学び合いになった」こと、及び同じく76.5%の教師が、②「遠隔合同授業を通じて無意識的に日常的な研修の重要性を認識した」と感じている。また遠隔合同授業の実施によって、③「他の人の指導方法について尋ね易くなった」ことや、④「ベテランと若手間との交流もしやすくなる」こと、⑤「若手教師のアイデア提案・発言をしやすくなった」効果も生まれている。校内では、結果として⑥「校内教職員の協働性に繋がった」と感じる教師が多い。

遠隔合同授業に関する「学校間合同研修会」については、①「合同研修会はある程度定例化することで、年間の行事予定として意識できる」ととらえる人が70.6%いる。研修幹事校は持ち回りにしているが、②「持ち回りにすることで、学校間の多様な発想を共有できる」ととらえている。このことがある程度教師の転勤があっても、研修会と遠隔合同授業を継続できる条件ともなっている。

「合同研修会」を通じた個人と組織の研修意識では、同じく70.6%の教師が、③「合同研修会により、個人研修と全体共通研修の両方を意識するようになる」、④「合同研修会により、学校を超えて日常的に交流し合う雰囲気を高めることができる」(同70.6%)、⑤「合同研修会の準備をすることで、共通の研究課題を考えるようになる」(同70.6%) と回答しており、個人研修と全体研修の両

方を結びつけながら、研修の必要性を意識している。

　ベテラン教師と若手教師や、遠隔合同授業の経験者と未経験者など、様々な立場を超えてあらゆる交流が促進されていることが、交流による学び合いが個々の教師にとって有効なものとなり、個々の研修意識の向上の重要な条件となっていると言える。これらの交流の結果として、94.1% の教師が、「遠隔合同授業を行うことで、さらに日常的に学校内での教職員の相互の率直な質問・意見交換・学び合い等の雰囲気が高まると思う」と回答している。この学び合いの雰囲気の向上が学校力の向上の基盤となっている。

(3) 徳之島町の遠隔合同授業の継続と学校力の向上

　一般的に学校では、特定技能を有する教師が転出したり、委託プロジェクト研究指定校が終了すると、新しい事業は継続しなくなる傾向がある。徳之島町では、2015 年度に遠隔合同授業を開始して以来現在も、形を変えながら遠隔合同授業を継続的に取り組んでいる。

　まず教師が継続的に取り組める最初の条件は、誰もが ICT 機器の遠隔システムを使える技能を有することであり、転入した教師も遠隔システム等を使えなければならない。徳之島町では、最初の遠隔合同授業の開発教師たちが、詳細な視覚的な初心者用マニュアルを蓄積していった。徳之島町の 76.5% の教師が、①「機器のマニュアルを残し、誰もが ICT をある程度使えるようにしていること」が重要であったと回答している。そして②「研修会の幹事校は持ち回りで運営し、特定の教師だけでなく、学校間を繋ぎながら学校組織として運営していること」が学校間の遠隔合同授業継続の条件となっているとしている。

　研修による個々の教師の技能向上も遠隔合同授業継続のために重要であるが、70.6% の教師が、③「校内・学校間で相互に質問したり情報交換できる雰囲気が向上すること」、④「新たな一定の負担はあっても、遠隔合同授業による教師の長期的な成長を実感できること」などの日常交流による研修活動が継続の条件となったと回答している。

　研修効果の実感については、⑤「新たな一定の負担はあっても、遠隔合同授業による教師の長期的な成長を実感できること」が継続条件となる。また子供

の教育効果については、⑥「学校間の子供どうしの自然な交流がすでに発展し、子供が他の学校との交流を期待していること」も、教師が子供の教育のために遠隔合同授業を継続する動機となっている。この他には、徳之島町の転出教師と転入教師の引き継ぎ、転出者による転出前の経験交流なども、継続条件の1つになっている。

　このように遠隔合同授業が継続するためには、誰もがICT・遠隔システムを活用できる研修活動や研修会の幹事体制、教師自身の成長感、子供への教育効果、教師間の引き継ぎ、などの複合的な条件が不可欠である。徳之島町では、これらの様々な条件が作用しながら遠隔合同授業を継続できていると言える。そしてこの遠隔合同授業の継続が、研修意識の向上を含めた学校力の向上の基盤となっている。

6　教師の学び合いによる持続的な教師力の改善とチーム学校力の向上

　以上で見てきたように徳之島町では、元々遠隔合同授業の経験もない教師であったが、遠隔合同授業の導入時には、遠隔合同授業のメリット・デメリットの両方の側面を議論し、最終的に子供に教育効果があるかどうかを確認しながら試行錯誤を進めていった。その上で遠隔合同授業を導入してみた結果、他校の子供との交流や意見交換により、子供の学習意欲の向上や多面的視点の拡大、および多角的な思考力やコミュニケーション力の向上が見られた。子供自身も他校の子供と交流できる授業を楽しみにしていた。この子供の成長と希望が、教師が新たな負担を伴いつつも積極的に遠隔合同授業を導入していく動機となった。

　しかし、新しい遠隔合同授業を導入するにしても、負担が大きくなれば長く続かない。この負担を軽減するために、事前の打ち合わせを多くするよりも、試行錯誤的に実践しながら相互に振り返りを行って改善していくようにした。この方が具体的な改善課題を直接的に解決しやすい。そのため遠隔合同授業を通じて、相互に授業の進め方を確認・改善しながら、より良い方法を共有していった。この遠隔合同授業準備の負担を軽減しようとする方向性の確認が、教師が気楽に遠隔合同授業に取り組み、それを継続する1つの条件となっている。

また遠隔合同授業を自ら実践しながら、自分の授業の運営方法等に意見を頂いて改善することは、直接的な授業実践力向上に繋がっており、このことが研修活動の有効性と必要性を意識する条件となっていると言える。この実践交流の研修形態は単に専門家等による技能の講習等で受動的に獲得するものではなく、すべての遠隔合同授業を担当する教師の実践による課題改善提起とその教師間の交流による学び合いの研修となっている。そして学び合いの研修は、ベテラン教師も若手教師も、ICT活用の得意な教師もそうでない教師も、自らの実践を公開し実践に依拠した問題提起を行うことができる。

　この実践交流の内容は、単に遠隔合同授業に直接関わることだけでなく、課題提示・発問・板書・協働学習法・説明法・まとめなどの基本的な学習方法や、複式授業の間接指導・極小規模学級運営・自律的な学習指導・ふるさと学習・地域ぐるみの生活指導などのへき地教育指導方法や教育活動全般にわたっており、この全般的な交流が遠隔合同授業を通じて行われることが、へき地・小規模校の教師の大きなメリットとなっていた。この交流による学び合いが無意識のうちに自己成長感とさらに意識的な研修による学び合いの必要性をさらに認識するようになっている。

　研修は、自分の実践の反省に基づく改善から出発からするが、それに気づくためには、他の教師の授業を見たり、課題を指摘してもらうことで、新たな実践方法を導入して自分の実践方法の幅を広げていくことができる。さらにそれらを普遍的な観点から学校間で交流することで、より広い観点から実践を改善することができる。そのため学校間で「合同研修会推進委員会」を設けて、学校間合同の研修運営体制を確立した。すなわち個人研修・学校研修・学校間交流による合同研修が、個と組織を相互にフィードバックしながら、個々の教師の指導力を高めていく。そして個々の教師の指導力が向上すると同時に、学校全体が交流されることによって、学校全体の教育活動力である学校力が向上していく。

　この徳之島町の実践交流の過程では、遠隔合同授業をより良くするためには、学校間でも教育指導方法のある程度の統一性が必要であり、様々な実践課題やアイデアを交流したものの中からより良い指導方法を共有化・統一化していく

必要があった。このことがあらゆる教師の実践力と学校の実践力を含めた学校力を高めていくとともに、極小規模校教育の経験が少ない若手教師等の安心感にも繋がっている。

　このような学校力の向上は、毎日の教師の実践の中での反省と省察の中で無意識のうちに向上していることなので、教師自身も自分の指導力が高くなったと必ずしも自覚しているわけではない。また学校全体の指導力の向上である学校力も、皆が同じように指導力を高めていっているので、学校全体が高いこともあまり認識しなくなる。短期的には教師の教師力や学校全体の学校力の向上を認識できるわけではないが、しかし、長期的に振り返ってみれば、教師間の交流が教師自身の実践力や学校力の向上を推し進めていることを認識することができる。そして自分の成長に繋がることが認識できれば、学校内での教師間の情報交換や協働性がいっそう重要であることに気づき、チームとしてのまとまりや交流活動の必要性を一層認識することになる。

　このように遠隔合同授業は、授業の交流を通じて、個々の教師の成長と学校力の向上をもたらし、それがチームの協働性や交流活動をいっそう促進する基盤となる。すなわち遠隔合同授業は、遠隔合同授業の方法のみならず、あらゆる教師の学び合いと研修の必要性の認識を高め、それを媒介にしてチームとしての学校力全体を向上させる条件となっている。またこの教師の学び合いとチーム学校力の向上を促すことが、再び徳之島町の遠隔合同授業が継続する基盤となっている。

【注釈】
注 1. 中原淳・関根雅泰・島村公俊・林博之著『「研修評価」の教科書』ダイヤモンド社、2022 年
注 2. 本章でのアンケートは、2022 年度の教師を対象にしたもので、2 章の川前あゆみ・安田洋幸が実施した 2021 年度の調査とは別のアンケート調査である。対象校は同じく、花徳・母間・山・手々・尾母の各小学校の管理職を除く 17 名の教師を対象にし、17 名全員の回答があった。

双方向はまず教師から － OJT の視点をもって－

徳之島町立尾母小学校

校長　伊地知 勇

　遠隔合同授業のメリットは何か。誰がどのようにレールを敷くのか。最低限必要な機器は何か。学校間連携を図る上での課題をどう解決すればよいか……。

　遠隔合同授業を推進するにあたっては、期待ばかりでなく懸念されることも少なくない。

　GIGA スクール元年の前年度のことである。新年度がスタートして間もない4月中旬に、小学6年の担任から、町内北部に所在するA校の6年生学級との遠隔合同授業をやってみたいという相談があった。彼も私と同じく、当時本校に赴任したばかりで、本校の子供たちにとって遠隔合同授業は有益であると考えていた。徳之島町ではすでに、北部4校（本校は南部）で遠隔合同授業についての研究が進んでいたこともあり、本校と同規模（両校共に6年生は1名という極小規模校）のA校6年生担任や校長先生との連携はスムーズに進み、5月から6月にかけて、まずは国語の「話す」「聞く」の学習で遠隔合同授業を行った。その後6月に入ってから、毎時間の算数、不定期での国語・道徳の遠隔合同授業が日常的に始まった。

　初めは県総合教育センターの Web 会議システム（通称つらネット）や Zoom を活用し、校務用パソコンと教室に整備されていた1台のタブレットを用いるなどして、試行錯誤を重ねながら実践を続ける日々であった。子供に考えの交流をさせたいという最大の願いと遠隔合同授業を継続して行うことで、子供たちは相手意識をもち論理的に説明できるようになるのではないかという期待（仮説）が根底にあったことは言うまでもない。校時表の違いも極小規模校であるがゆえの柔軟さで、少し工夫するだけで難なく対応できた。

　評価については、単元の学習を進めながら、エクセルでの評価シートに3観点ごとに教師が記入しメールでやり取りをすることで、教師間のすり合わせ等に役立てた。また、保護者へ説明する際の備えとしても位置づけた。現在は、クラウ

ド上でやり取りができるよう改善がなされている。

　年間を通して改善を重ねながら、ノートの重要性だけは常に意識するようにした。その後、Google Classroom を使ったノートの提示や Jamboard の活用が進み、対面とオンラインのハイブリッド型の指導方法へと高まりを見せていった。ICTを用いることが目的になっては意味がないということを教師自身が認識していなければ、思考力・判断力・表現力等の育成に繋がる授業改善は進まないのだと実感することが幾度となくあった。

　令和３年度に入ると、Google Meet を主体として、４・５年生の複式学級でA校と引き続き毎時間の社会科を遠隔で繋ぐこととなった。A校の担任は初めての遠隔合同授業であったが、操作にもすぐに慣れたようだった。

　授業を行いながら操作について教師が試行錯誤する姿は、子供たちにとっては不安というより、「先生たちが自分たちのために頑張っている。」という安心感と信頼感が生まれているように感じた。

　「先生にも失敗はある。」、そのような姿が子供たちとの信頼を築く一歩に繋がるのだと再認識できた。２人の教師が別々の学年を担当することで、その時間は複式解消にも繋がった。

　その連携は、令和４年度の現在も５・６年生の複式学級で継続している。しかも、５年生は社会と道徳の２教科、６年生は社会、道徳、理科の３教科にその幅を広げ、日常的に繋いでいる。さらに５年生については、北部１校を新たに加えた３校合同の学習に発展した。

　遠隔合同授業のメリットは何か。課題は少なくないものの、子供の姿に変容が見られた一例がある。昨年度１月実施の鹿児島県が毎年実施している学力調査（小５、中１・２対象）において、５年生社会の通過率が９割近くであったことである。約１年間での伸びは担任も驚くほどであった。また、タイピングの技能やプレゼンテーション資料作成の技能などについても、昨年度から今年度にかけて大きな成長が見られている。何より遠隔合同授業を通して、考えの交流ができることに子供たちが喜びを感じていることこそが、最大のメリットと言えよう。なぜなら

ば、意欲や関心こそが学びに向かう原動力だからである。また、遠隔合同授業という「フォーマルな場」が、極小規模校の子供たちにとっては極めて重要である。本校の子供たちにとって、この「フォーマルな場」が効果的に作用していることは大きな収穫でもある。

　一方、板書や発問の仕方などについての気づきや学びを通して、教師自身の資質向上も確実に図られている。マネジメント力の向上という点でも、遠隔合同授業は効果的だと考える。

　主体的・対話的で深い学びの実現のために、教師ができることは何かということを、OJT の視点を持ちながら教師自身がお互いに探る姿こそが、教師の成長に繋がるのではないだろうか。このことは、遠隔合同授業の実践過程に限ったことではないと考える。そして、未来の教育を考えるとき、管理職を含めた先輩教師たちは、幅広い意味での後継者育成にもっと熱くならなければならないという思いも湧き上がってくる。

　これまで本校の他の教師は、まだ単発でしかこの遠隔合同授業を行っていないのが現状である。中学校においては、まだ導入も行えていない。しかし、校内研究授業や校内研修を行う中で、教師がその有用性や必要性をさらに感じてきているのは事実である。遠隔合同授業の可能性を広げるために、校長としてそのための切り口を探りながら見出し、極小規模校の特性を生かした授業づくりに繋げていかなければならない。

　冒頭の「懸念されること」の解決は、教師自身が子供の学びを第一に考え、双方向で悩み、アイディアを出し合うことで図られるものであるということを、私は本校の若き教師や協力してくださっている他校の先生方から学んだ。ほんのわずかなステップでしか進んでいないかもしれないが、極小規模校同士の繋がりが今後も広がっていくことを願っている。

教育長インタビュー
なぜ徳之島町では遠隔合同授業を継続できたのか

北海道教育大学教育研究支援部連携推進課副課長　**小林 佳之**

　徳之島町では、基本方針に「未来を創造する新たな教育への挑戦」を掲げ、最先端技術の活用推進による「最先端の学びの町」をスローガンとしている。特に、ICT活用教育「徳之島型モデル」は、全国のへき地・小規模校における課題の解決と、個別最適な学びと協働的な学びを中心とする「令和の日本型学校教育」を実現させた全国で最先端のモデルとして注目されている。

　それを推進する 福 宏人教育長（インタビュー内：福）に、北海道教育大学へき地・小規模校教育研究センターの関係者（インタビュー内：大学）が聞き取りを行い、ICT活用教育による全国的な過疎化・小規模校化に対応した児童の学びと教師の成長を促す研修のあり方について、展望を語ってもらった。

(1) ICT活用教育を導入した経緯

大学：教育実習の指導や校内研修の機会などで学校を訪問させていただくと、ICTを積極的に活用されている先生と、苦手意識をお持ちの先生がおります。

　　　福教育長は、タブレット端末やICT機器が出回った最初期の段階から、授業の改善にこれらの機器を積極的に取り入れていったとお聞きしております。ICT技術を専門にしていたわけではない福教育長が、なぜICT機器に注目し、授業に取り入れるようになったのかお聞かせください。

福 ：私は、徳之島町で生まれ、小学校から高校まで育ちました。高校を卒業し、京都の大学に行った際、生まれ育った徳之島町とは異なる都市部との違いにカルチャー・ショックを受けました。言葉・文化の違い、もう1つは、キャリア形成の面です。

　　　私が育った時代の徳之島町は、農業中心の島でしたので、自分の周囲に、

大学の先生もいない、サラリーマンも少なく、様々な職業を見て、自分の
キャリア形成を考えるということが難しい環境でした。

　もちろん、美しい自然環境とか、人との絆の豊かさなどの素晴らしい点
はたくさんありましたが、自分が進学する、そして職業に就く中で、様々
なハンディを感じていたことが課題意識としてありました。

　そして、平成24年に母間小の校長として、初めて地元で教員生活をし
ました。その前は、ずっと島外で教員をしていましたが、帰ってきたとき
に、自分が子供の頃と同様に、子供たちは純朴で、美しい自然に囲まれて
育っているのですが、その子たちの将来を見通したキャリア教育を含めた
展望が、私が子供の頃からあまり変わっていないと感じました。

　もちろん、私が子供の頃に比べて、生活も便利になっていますけれど、
しかし教育は同じような水準だと感じました。これによる子供たちのハン
ディ、子供たちも小学校から中学校まで同じメンバーで、他の子供たちと
の交流も少ない上に、私の子供の頃と比べて、子供の数も減少していると
いった多様性にも恵まれない環境でよいのかと考えました。

　従来型の複式教育も行われていましたが、ちょうど、様々な場所や人
と繋がることができるICT機器が出始めていましたので、これを活用して、
小規模校のデメリットをなるべく小さくして、メリットを拡大していくこ
とができると考え、率先して取り組みを進めました。

大学：導入された当時の学校の状況はどうだったのでしょうか。

　福 ：先生方の中で専門は誰もおらず、機器もパソコン室にデスクトップ型
　　　のパソコンが置いてあるだけという状況でした。

　　　そのような中、自分で購入したタブレット型端末が便利で、授業でも活
　　　用できると思い、先生一人ひとりに、タブレット型端末を配ってICTを活
　　　用した授業研究が始まりました。昔から、複式の授業改善は、ラジオを使っ
　　　たり、テレビを使ったり、録音テープを使ったり、ビデオを使ったりと様々
　　　な試みが展開されてきました。

それで、歴史を調べてみました。すると５０年ぐらい前の徳之島町の複式の授業記録が出てきました。当時、最新鋭の機器を使って授業をしたという歴史的なものが出てきて、それを読み返しながら、徳之島町は、教育に新しいものを常に取り入れていく土地柄で、教育は常に最先端であったことを再認識しました。

　でも、当時、誰も、ICTを得意としている先生はいなくて、みんなで膝を付き合わせて、様々なアイデアを出し合いました。そうすると、例えば、国語の授業で提示に使うとか、音楽の授業で演奏の様子を映して子供たちに聴かせるとか、様々な面白い実践が出てきたことが、その後の展開のきっかけです。

大学：福教育長は、タブレットを導入した際、すでにタブレットを使いこなしていたのでしょうか。

　福　：皆さんと同程度です。

大学：福教育長が、徳之島町の教育を調べたり、子供たちの学びに繋がる取り組みのアイデアを先生方と一緒になって考えたりしている姿が目に浮かびます。そして、故郷である徳之島町に対する深い愛情を感じました。

　新しいことを始める際には、教育長、校長のリーダーシップが大きいと思います。その際、トップダウンだけだと、その後、発展的に推進されることはないと思います。

　福教育長が校長先生だったとき、校内で意見を言いやすい環境をつくり、先生方と、マイナス面もプラス面もたくさん議論しながら、展開していった方法がよかったのではないかと思います。

(2) ICT活用教育でへき地・小規模校教育はどのように変わるのか

大学：へき地・小規模校においては、主体的に学ぶメリットがある反面、多様

な考え方に触れる機会が少なくなりがちで、教師による直接指導も短いという指摘があります。「徳之島型モデル」では、この課題にどう向き合うのかお聞かせください。

福 ：「徳之島型モデル」とは、へき地・小規模校における課題を解決するために、２つ以上の学校の複式学級同士をICTで繋ぎ、日常的に遠隔合同授業を実施することで、教育の質の維持向上に繋げるものです。
　　　複式学級同士を遠隔双方向で結び「複式双方向型遠隔合同授業」（以下、「遠隔合同授業」と呼称）を行うメリットとしては、①教師と児童が直接対面できる機会が増加することにより児童の主体的な学習を促す支援が可能となること、②同時導入により時間的な余裕が増加することにより、個別指導の充実や主体的・対話的な学習の充実が図られることがあげられます。

大学：複式学級指導経験のある教師が少なく、学級規模や地理的な問題により、教師の資質能力の向上を図る研修機会が少ないという課題についてはいかがですか。

福 ： 遠隔合同授業を実施する過程では、他校の教師同士が合同授業の構想を練り、指導案作成の過程を通じて授業改善を図ることを通して、教師間での指導技術の伝達や、教師個人の負担軽減に繋がることが成果としてあげられています。

大学：遠隔合同授業は、対面授業と比較して児童が緊張感を保つことが難しいなどの課題があり、教育効果を高める工夫が必要だと考えます。「徳之島型モデル」において日常的にその課題を無くすための工夫についてお聞かせください。

福 ： 遠隔合同授業の課題は、大きくは、①教師と児童が対面する機会が増

えるが、実際に近くで指導できる訳ではないこと、②複式双方向型の遠隔合同授業の新しい学習モデルや、受信側児童の学習状況を把握する手立てが必要となること、③実施に伴う打ち合わせや機器の取り扱いに時間を要すること等日常化に向けた環境整備が必要となることがあげられます。

　「徳之島型モデル」では、①単元の精選と指導計画作成（遠隔合同授業に適した単元の精選とねらいの明確化、定期的な合同研究会の実施と指導計画の作成）、②複式指導における授業改善（複式指導における遠隔合同授業の開発・児童の学習状況把握の方法）、③日常化に向けた指導方法の統一化等の工夫（校時表及び教材の統一、打ち合わせの簡素化、学習規律の統一・定着、直接交流活動の充実）を図っています。

(3)「徳之島型モデル」開発・導入までの道のり

大学：「徳之島型モデル」は、ICT を使い慣れていない学校や、遠隔双方向教育の経験がない学校にとっては、導入することが難しく感じます。

　　　徳之島町の学校においても、「徳之島型モデル」が、全国を代表する取り組みに成長するまで、様々な障害があったことと推察します。これから、ICT 遠隔双方向教育に取り組もうとしている全国の学校の参考となるように、導入の経過等についてお聞かせください。

福 ：私は授業でICT を活用してきました。しかし、専門的で高度な技術を活用したものではありません。日常の授業をより良くするための方法の１つとして、調べもの学習や単元の内容に応じて ICT をツールとして使うということです。

　　　ベテランの先生方も、OHP やスライド等を活用して授業を行われてきたものと思います。それを ICT に置き換えていくイメージです。

　　　日々、授業の改善に取り組んでいく中で、平成 26 年度から、徳之島町において、地域の実情に応じた少子化に対応した活力ある学校教育の在り方について協議が行われ、徳之島町北部の学校再編案が示されました。

この時、ICT の授業活用の経験を生かして、徳之島町北部の学校の教育課題解決のために ICT を有効に活用できないかと考え、母間小学校校長の時、独自に徳之島町の指定を受けて「ICT の利活用による少人数・複式学級の授業改善」に取り組むこととなりました。この取り組みを拡大して、平成 27 年度から 3 年間、文部科学省の実証研究に取り組むこととなりました。

　　様々なタイミングが重なったことで、「徳之島型モデル」の構築に繋がりましたが、基本はあくまでも日々の授業をいかに改善していくのかを追求したことが結果に繋がったものと考えます。

大学：ICT を苦手とする先生方もたくさんいて、また、先生方にはそれぞれの経験から培ってきた授業スタイルがあります。そのような中で、先生方に ICT を使ってもらうことは容易ではないと思いますが、どのようにして ICT の活用を広げていったのでしょうか。

　福 ：私が母間小学校の校長をしていた時に、まず、自分の学校で日々の授業に ICT を導入し授業の実践を深めました。新しいことを始めるときには、まず、自分でやって見せることが大切です。私の場合、複式の「わたり・ずらし」の中で単独で ICT を使い始めたのが最初です。

　　これを校内研修などの機会に実践を重ねて、共通理解を図りながら、校内の教育実践に積極的に取り入れていきました。校内に詳しい先生がいないケースもあると思いますが、その場合でも、他の学校や民間企業などの協力を得るなど様々な手段があると考えます。校内である程度実践ができれば、次は他のへき地・小規模校等に声をかけて共同研究を行うと良いと思います。

　　特に複式学級においては、複式指導の指導経験のある教員が少なく、少人数の教員間では、複式指導の指導法研究も深まりにくいという共通した課題がありますので、共同研究を行いたいという潜在的な要望により引き受けてくれる学校が多いと思います。

学校単体ではなく、複数の学校が協働することで、ICT活用のアイデア
　をもらったり、課題の解決に繋がる実践を開発したりすることにより、研
　究に対するアレルギーも緩和されると考えます。

大学：対面での合同学習のほうが、高い教育効果が得られると考える学校や先
　　　生方も多いと思います。これに対して、ICTを活用したほうが良いと説明
　　　するポイントについて教えてください。

　福　：対面の複式合同学習を実施するためには、指導案の作成、日程調整、
　　　交通手段の手配など、大変な時間と労力がかかります。ICTを活用するこ
　　　とで、日常的に、子供たち、教師、学校が繋がり、コンスタントに双方向
　　　型遠隔合同授業ができることは大きな魅力だと思います。
　　　　ICTを活用した双方向遠隔授業は、現在多くの学校が実践されています
　　　が、複式学級どうしを繋ぐ教育実践は、「徳之島型モデル」のみです。
　　　　遠隔合同授業を実施しやすくするためには、①校時表を統一させること、
　　　②遠隔合同授業だけではなく、対面によるコミュニケーションや体験活動
　　　の機会を充実させること、③そのために合同修学旅行や遠足を実施するこ
　　　とも重要です。
　　　　これから、複式間の「徳之島型モデル」の導入を考えている場合は、既
　　　存の複式合同学習を軸にしながら、日常的にICTを活用した遠隔合同授業
　　　を実践していくことも可能と考えます。

(4) 遠隔合同授業で子供たちの学びと教師の資質向上を図る「徳之島型モデル」

大学：授業で日常的に連携することで、子供たちも、先生方も打ち解けていく
　　　感じがします。連携することによって、子供たちも先生方も繋がり、多様
　　　な意見や考え方に触れる機会になります。先生方にとっては、他の学校の
　　　先生の授業や指導案を実際に見る機会になり、成長を実感できる機会に繋
　　　がると思います。

福　：徳之島型モデルを展開する上で最も重視していることは、教師の "発問・指示"、板書技術などの "集約・集中化"、情報収集・資料作成・資料提示等の "資料活用" といった児童を引き付ける "優れた授業指導方法" を共有化していくことです。ICT の活用は、"優れた授業指導方法" を効果的に補助するための手段です。

　　　　この考えを基本としているため、徳之島町に赴任した先生方は、「徳之島型モデル」の実践を通して、日常的に他の学校と繋がり、切磋琢磨して授業改善に取り組んでいる様子が見られます。

　　　　先生方が、日常的に自分の学校の先生に相談したり、他の学校の先生にも相談したりする過程を通して、教師としての成長を実感しているからだと思います。

大学：子供たちの成長を教師はどのようにとらえているでしょうか。

福　：「徳之島型モデル」を導入したことにより、①標準学力検査において、遠隔合同授業を実施した単元の正答率（全国比）が向上したこと、②児童が、多様な考え方への意識や相手意識をもった発表等を行うなどの変容が見られたこと、③児童が多様な考え方に触れ、自分の考えと比較しながら理解を深め発表する機会が増えたこと、④それにより、相手意識を持って表現することができるようになること、⑤人間関係の広がりが出て、コミュニケーション力や社会性を養うことができる等の「学びの広がり」の効果があったこと等の成果があります。これを先生方が実感していることは大きいと思います。

大学：教師が成長するためには、先生方が自らの成長を実感できることが不可欠だと思います。そのためには、先生方に、子供たちが成長しているという実感を得てもらうためのプロセスが重要だと思いますがいかがでしょうか。

福　：ICT を活用した遠隔事業を導入した平成 24 年度の段階では、積極的に

進めていこうという雰囲気ではなく、ほとんどの先生が引いて見ていた印象です。しかし、他の学校と遠隔で繋ぐ取り組みとしたことで、先生方の意識が変わりました。

　遠隔で繋ぐためには、相手が必要です。相手を探すためには、自分の学校における実践を高め、外部にアピールしなければなりません。実践を高める意味でも、遠隔で繋ぐことが重要な条件だと考えています。

　複式の学校は先生の数が少なく、違う年代の先生と交流する機会も少ないですが、「徳之島型モデル」の実践により、先生の間で、常にお互いの授業を観察することや、年代層の違う他校の教師から指導方法を学ぶことなどを通して、指導力やモチベーションを高めるなどの効果も認められています。

大学：ICT 活用による実践を深め、日常的に遠隔で繋いで教育実践を深化させていくことはとても素晴らしいと思います。一方、年数が経過すると取り組みがマンネリ化する場合があります。「徳之島型モデル」は、どんどん実践が発展しているように思えますが、マンネリ化を克服するために工夫していることはありますか。

福　：１校だけの取り組みとならないように、「徳之島型モデル」を一緒にやっている学校全体の取り組みとすることが大切です。そのために、研究会を輪番制にし、各学校で行われている新しい教育実践をどんどん取り入れるようにしています。

　次に、ICT に詳しい先生が異動しても、スムーズに引継ぎができるように、マニュアルを整備し更新していくことが必要です。今では、マニュアルを見れば、新たに赴任した先生でも、１か月で基本的な授業ができるようになりました。

　複数の学校が連携しつつ、重要な柱の１つとして取り組むことで、学校が変わり、そして、学校が変われば先生方の意識も変わります。今では、ベテランの先生も熱心に遠隔合同授業に取り組んでいます。

大学：日常的な実践の改善のために必要な仕組みとしては何が必要でしょうか。

　福　：日常的に遠隔合同授業ができる仕組みを構築しておくことが必要で、
　　　　様々な授業や教育活動に遠隔合同授業を取り入れられるようにしておけば、
　　　　先生方は、子供たちのために日常的に意見交換をします。
　　　　　ICTを活用できる環境を維持すれば、意見交換の頻度も高まり、お互い
　　　　の良い部分を取り入れて、より良い実践に繋がります。意見交換により、
　　　　1人で授業をするのではなく、他の学校の先生と共同して授業に取り組む
　　　　ことで、先生が孤立しないで授業改善を図ることができるという意識も大
　　　　きいと思います。
　　　　　実践の改善プロセスは、授業改善に向けた打ち合わせや機器の準備など
　　　　の日常化に向けた工夫や対策です。

大学：「徳之島型モデル」で推進する遠隔合同授業を実践するメリットを教え
　　　てください。

　福　：具体的には、①合同化することにより教師が対面で授業を行う時間や
　　　　直接指導が増えること、②他校と繋ぐことで、多様な考えに触れ意見交流
　　　　をする機会が得られること、③合同で授業を行うことによる教師の指導力
　　　　の向上が図られること、④標準学力検査の正答率が向上したこと、⑤数値
　　　　で「見える化」して結果を示すことにより、児童及び保護者の意識が変わ
　　　　ること、等のメリットがあります。

大学：学校の垣根を越えて、授業の実施の打ち合わせをすることにより、単元
　　　の指導法の進化も図られるように思えます。

　福　：はい。1時間の授業の展開を最初から最後まで双方が共通理解して、
　　　　単元全体の見通しを持った上で、授業を行うことが必須です。そのためま

ず、①単元を通して展開をどうするのか、②授業の中で、子供たちの多様
な考えを引き出す場面（遠隔合同授業の場面）をどう作るか、③多様な考
えを引き出すために事前に行うこと等を共有します。

　この打ち合わせに時間を要することは、ある意味デメリットですが、打
ち合わせの時間が、教師間の研修の機会になっています。日常的に打ち合
わせが行われることで、学校間の交流が深まっていると聞いています。

(5) 校長先生のリーダーシップ

大学：遠隔合同授業に取り組むためには、校長先生のリーダーシップも重要だ
　　と考えますがいかがでしょうか。

　福 ：鹿児島の教員は、人事異動で必ず離島を経験します。そのため、ICT に
　　堪能な先生だけが赴任される訳ではありません。赴任された先生がスムー
　　ズに実践に取り組めるように、校長先生がしっかりフォローしていくこと
　　が大切だと思います。

　　　歴代の校長先生の「リーダーシップ」と教頭先生を中心とした先生方の
　　「フォロワーシップ」により、徳之島型モデルが発展しています。今回の
　　コロナ禍においても、「徳之島型モデル」による実践によりスムーズな対
　　応ができました。

　　　現在では徳之島町北部の小学校（花徳小、母間小、山小、手々小）に赴
　　任する先生は、「徳之島型モデル」の実践を前提に異動してきています。

大学：学校には様々な校務があり、その上で先生方は、「徳之島型モデル」を
　　推進する打ち合わせをしなければなりません。そのため効率的な運営が重
　　要だと思います。

　福 ：打ち合わせについて、導入当初はある程度の時間がかかりましたが、
　　指導案の様式を統一し、打ち合わせ内容を精査することで、かなりの負担

軽減が図られています。

　「徳之島型モデル」を推進している学校の校長先生たちは、これを共有して引き継いでいけるように、効果的にマネジメントをしていると伺っています。

　教師にとっては、指導案作成の段階から学校をまたいで打ち合わせを行うことや、相手の教師の授業を見ることによって授業改善の気づきがあること、他校の子供たちの発言を通して単元の理解度を知ることで、指導力改善の手がかりを得ることができます。取り組んでいる先生方自身が成長の手ごたえを感じ取っていることが推進する上で大きいと思います。

(6) 今後の展望

大学：「徳之島型モデル」の導入により、新たな交流実践が生まれているようですが、特徴的な交流実践についてお聞かせください。

福　：徳之島町はSDGs未来都市に認定されました。これは、「徳之島型モデル」の実践により、遠隔双方向教育の環境整備がなされたことでできたことです。これを契機に民間企業とも連携協定を結び、特別支援教育、東京や海外への子供たちの派遣事業などを推進しています。また、別の企業とも連携しながら、キャリア教育等にも取り組むなど、最先端の学びの町を目指して様々な事業を推進しています。

　学校では、日常的に南日本新聞のデジタルサイトを全員に使わせています。これによって、先生が新聞を切り抜くなどの不便を生じることなく、新聞を教育実践に取り入れるNIEができています。

　大学との連携では、鹿児島大学教員と学生20人に徳之島町に来てもらい、20日間、子供たちを対象とした学習塾を開催してもらいました。他県との交流については、北海道の占冠村との交流事業や、つくば市、和歌山県との交流事業を推進しています。

大学：最後に、これから取り組む内容についてお聞かせください。

　福　：まず、インターネット電子黒板を新たに購入し、単式の学級と変わらない授業実践ができるようになりました。これを活用して、より高い教育効果が得られる教育実践に繋げていきたいと考えています。

　　　　また、徳之島町では、「幼・小・中学校の学校再編」を進めています。新たに幼保連携型のこども園を設置して、小学校は現状どおり分散型、中学校は１校に集約する形です。子供たちから見ると、幼稚園は一緒、小学校で各地域に戻り、中学校でまた一緒になるというイメージです。これを完成させることで、子供たちの長期的な学びと発達の実現に繋げていきたいと考えています。

大学：現在、全国的に小規模校化が進行しており、特に北海道においては、約83％が過疎地域の学校となっています。当該地域には、若手・新卒教員が赴任する場合が多く研修機会も少ないことから、遠隔双方向教育を活用してどのように研修を進めていくかが課題となっています。本学に対しても、地域に定着して意欲的にへき地教育実践に取り組む教員の養成と即戦力となる教員研修の在り方に関する研究が求められています。

　　　　また、へき地・小規模校での少人数を生かした全員参加型教育・協働教育・GIGA スクール構想を含めた遠隔双方向教育等は、「令和の日本型学校教育」の特徴と目指すべき方向性が一致しています。「令和の日本型学校教育」を推進する観点から、本学のへき地・小規模校教育研究及び実践の成果を全国の教員養成、現職教員研修に展開していくことが、強く求められています。

　　　　徳之島町の ICT を活用した遠隔合同授業の実践は、全国のへき地・小規模校における実践の先駆けになるものと思います。今回の福教育長のお話から、全国的な教育課題に対応する大きなヒントをいただきました。これからも、より良い教育実践をともに追究していきましょう。本日はありがとうございました。

終章

へき地・離島における
遠隔合同授業を活かした学び合いと学校力の発展条件

北海道教育大学へき地・小規模校教育研究センター センター長　玉井 康之

1　へき地・離島教育の新たな地平を拓く遠隔合同授業の可能性

（1）全国における徳之島町の遠隔合同授業の先駆性と開発性

　本書では、徳之島町の遠隔合同授業の先駆的な実践を取りあげ、学校間を繋ぐ遠隔合同授業が継続的に展開しさらに学校力が発展した条件をとらえてきた。徳之島町では、2015年度から遠隔合同授業を試行的に実施しながら、様々な実践方法の開発と教育効果を積み重ねている。多くの学校が研究指定校が終了すると、継続しなくなる中で、徳之島町では教師の入れ替わりが毎年ありつつも、現在も遠隔合同授業が形を変えながら発展している。そこにはへき地・小規模校の少人数と信頼関係の良さを基盤にした個別最適な学びと協働的な学びを活かし、同時に極小規模性の課題を克服するための遠隔合同授業の挑戦的な取り組みがあった。

　遠隔合同授業は、単に遠隔システムを活用した一方向の授業の配信形態ではなく、子供の学び合い・教師の学び合いを通じて、総合的な学校力を向上させる取り組みとなっていた。へき地・離島の極小規模校では交流活動が限定的になってしまう傾向もあったが、極小規模校の遠隔合同授業は、子供たちの多様な意見交流と多角的視野を広げる学び合いを創造すると共に、教師どうしも自分の授業と他校の教師の授業を公開しながら、様々な指導方法を共有し会得できる活動となっていた。一般的に教師は、自分の授業を見られることに抵抗感が伴うものである。しかし遠隔合同授業による相互の授業公開を通じて、自分の教師力が高まり子供の成長に活かすことができれば、その苦労は達成感や自己成長感にもなっていく。

　徳之島町の遠隔合同授業は、全国の中でも長期的に継続し、さらに様々な方法を教師が試し開発しながら、学校全体の学校力を高めようとしていること自体が先駆的である。全国的には過去に遠隔合同授業を実施した市町村でも、必ずしも継続できていない。徳之島町の先駆的な取り組みはへき地・離島の極小

規模校において、その条件を活かして取り組むものであるが、他市町村の極小規模校において真似できない実践というものではない。むしろ極小規模校の中で、遠隔合同授業の学び合いによる教育効果の目的を見定め、学校間の共有の条件づくりを設定すれば、どの極小規模校でも実践できる内容である。この徳之島町の遠隔合同授業の取り組みの発展条件をトータルにとらえることによって、今後の遠隔合同授業がどのへき地・小規模校においても普遍的に展開していく教訓と発展条件を示すことができる。

(2) 徳之島町の遠隔合同授業の組織的・継続的な発展条件

　本書を通じて、徳之島町の遠隔合同授業が継続・発展した条件として明らかになったことは、概ね以下の点である。以下の本書でとらえた徳之島町の教訓は、他のへき地・小規模校を有する市町村においても、同じ条件を意識的に推進することで、遠隔合同授業を実施する条件を作ることは可能であろう。

１）離島・徳之島町の子供の社会性・コミュニケーション力を高めるという校長の意志とそれを財政的にも支援する教育委員会・役場の強いバックアップが遠隔合同授業の導入及び継続条件となったことである。遠隔合同授業は、学校間で共通に校時・教育課程等の実施条件を揃える必要があり、そのために教育委員会が学校間の共通条件を揃え、推進していく働きかけの役割を果たすことは発展条件として極めて大きいと言えよう。

２）ICTを活用する遠隔合同授業は、へき地・小規模校教育と対極にあるように見えるが、実はへき地・小規模校の基本方法を活かしていることが遠隔合同授業の発展条件となっていることである。特に遠隔合同授業は、教師と子供の直接対面式ではないので、教師が隣にいなくても自律的な学びが求められる。へき地・小規模校の個に応じた指導時間、間接指導による自律的な学習習慣、異年齢を含めたリーダーシップ・フォロワーシップの育成、ガイド学習による授業運営、などの少人数で自律的・協働的な学び合いを展開することで、遠隔合同授業も発展できる。徳之島町がへき地・小規模校教育の特性を意識的にメリットとして活かすことで、遠隔合同授業も発展する条件となった。

3）遠隔合同授業は、最先端の ICT システムやバーチャル教室の活用のように思われるが、実は一般的な ICT 機器を活用することで始めることができるようになった。その活用方法は確定したものではなく、ICT・遠隔教育システムの新たな技術進歩に伴い、活用方法の継続的な開発を進めていくことで、遠隔合同授業の方法も発展したことを教訓としておくことが重要である。むしろ教師間の日常的な ICT の試行錯誤を認め合いながら開発を進めるという共通理解が実践の開発と遠隔合同授業の発展条件となっている。

4）遠隔合同授業の理念では、学校間を超えた子供どうしの協働的な学び合いの授業方法を常に追求することで、より効果的な遠隔合同授業が発展したことである。子供自身も最初は討議することに慣れなくても、毎回のペア学習・バズセッション等の意見交流機会を継続的に進めることで、教師が子供のつぶやきや異なる見方を拾い、その多様な意見を交流し合うことで、遠隔合同授業が発展してきた。

5）徳之島町での長期間の遠隔合同授業の取り組みの中で、教師が子供の変化に確信を持てたことが遠隔合同授業の発展条件になったことである。遠隔合同授業は、直接的な単元の結論の暗記だけではなく、同学年の子供との交流による非認知能力やノンバーバルコミュニケーションの役割も大きい。教師から見ても、遠隔合同授業による同学年の多面的な交流と子供の視野の広がり等の成長が見られたことが、複式学級の遠隔合同授業の必要性の意識をより発展させた。

6）遠隔合同授業は、特定の授業を特定の人に見せる互見授業と同じ状況となるため、授業を見せ合うことで教師が学び合い成長できることが、遠隔合同授業の発展条件となったことである。遠隔合同授業は、まずは特定の人との授業交換であるため、一般授業公開とは異なり、授業公開の心理的負担は相対的に少ない。遠隔合同授業を通じた教師間の学び合いは、事実上の教師の研修機会となり、全般的な教師力の向上に繋がっている。この遠隔合同授業による教師力の向上は、教師の達成感や自己肯定感を高めるため、長期的に教師が遠隔合同授業を継続・発展させる条件となっている。

7）遠隔合同授業による子供の教育活動の活性化と教師力の向上が、学校全体

の教育力として相乗的に作用し、トータルな"学校力"の向上に繋がっていることである。学校力は、単に個々の教師の活動の単純総和ではなく、子供間・教師間・子供と教師間が相乗的に働きながら、集団凝集効果を発揮するものである。すなわちチーム学校の小規模校の良さを意識的に追求し、さらに遠隔合同授業による新たな刺激を導入することで、チーム学校の学校力をより強化できる効果が遠隔合同授業の発展条件となっている。

　このように徳之島町では、へき地・小規模校の利点を活かしながら、遠隔合同授業を継続する組織的な条件を整備し、子供間・教師間の学び合いを発展させることを追求したことが、総体としてのチーム学校力の向上に繋がっている。そしてこのチーム学校の学校力の向上が、遠隔合同授業を継続的に取り組む発展条件となっていることが明らかとなった。

2　小規模校化を逆転的に活かした徳之島町の遠隔合同授業の挑戦と発展条件

　全国的に学校統合が進み、極小規模校は減少傾向にある。しかし全国で3300校のへき地指定校の中でも、離島へき地校や北海道などの大陸型へき地校、山村へき地校の中では、通学距離問題や地域衰退を招く問題などから、これ以上の学校統廃合はできないへき地・小規模校も少なくない。このようなへき地・小規模校では、今後も学校規模の縮小化は不可避である。

　徳之島町でも小学校の運営費負担は大きいが、一方学校を核とした地域創生活動及び地域協働型学校運営を推進するために、徳之島町の小学校は存続を決断した。徳之島町は離島であるために、地区ごとの伝統文化も豊富に継承されており、地域社会を維持するためにも各小学校は極小規模校であっても重要な地域の拠点になる。そのため、地域拠点としての小学校に関しては、これ以上の学校統廃合は進められないと判断し、むしろ小学校をコミュニティスクールのプラットホームとして、地域の担い手を育成する役割を長期的に果たしていく教育機関として位置づけることにした。

　一方、極小規模校である場合には、子供の社会関係力・コミュニケーション力を豊かにする機会を保障することが困難になる場合もある。このような学校規模縮小化の課題を逆転的に活かすために、徳之島町で学校統廃合の代わりに

取り入れたのが遠隔双方向システムである。2015年段階での遠隔双方向システムは、2000万円ほどの資金が必要であったが、徳之島町では遠隔双方向システムの予算措置をすることを決断している。

　遠隔合同授業では、極小規模校化の中で子供の社会性や多面的な視点を育成するために、授業の中でも交流・討論できるようにすることが重要である。すなわち遠隔合同授業は、学習発表会やゲストティーチャー等の特別講義のような単発的活動に用いるだけではなく、年間を通じて日常的な授業の中で用いることが重要である。常に授業の中で多様な見方を高めるために、各単元やめあてに沿ってすべての内容にわたって意見交流や協働性を進める必要がある。

　このような遠隔合同授業の新たな取り組みに関しては、最初から完成した方法は存在しないので、徳之島町では試行錯誤を繰り返しながら、徐々に回数も方法も多様化していくこととした。徳之島町では、教科によっては、年間を通じてすべての授業で遠隔合同授業を実施している教師もいるし、また年間20回程度の日常化した遠隔合同授業を実施している教師も多い。

　遠隔合同授業の担い手教師に関しては、徳之島町ではICTの得意な教師だけが遠隔合同授業を担っているわけでもなく、転入してきた新任教師も遠隔合同授業を学びながらより良い方法を継承している。今後遠隔システム技術開発と共に、遠隔合同授業の授業実施方法も変化していくことが予想されるが、徳之島町での実施方法は元々固定的・伝統的にとらえているわけではない。遠隔合同授業の導入当初から、様々な実践課題がありつつも、遠隔合同授業の方法を試していくことを確認している。遠隔合同授業の目的だけは見失うことがあってはならないが、子供の自律性と社会性の育成を含めた学びの多様性を発展していく目標だけを確認しながら、各教師が遠隔合同授業の多様な方法を実験的に開発している。このような試行錯誤を含めた取り組み開始の際の理念は、教職員の新たな取り組みの心理的負担を軽減する上で有効である。

　全国に先駆けて徳之島町が遠隔合同授業を新たに始め、そして継続的に支えてきた動機は、極小規模校の中で、子供たちの協働的な学びや社会関係力を高めていきたいという学校・教師の信念であった。そしてそれを財政的にも支援する徳之島町役場の決断が遠隔合同授業の発展条件となっている。

3 へき地・小規模校教育をプラスに活かした学習基盤作りと遠隔合同授業の発展条件

へき地・小規模校は、一般的に子供の人数が少ないために、社会性やコミュニケーション力が向上しないのではないかと懸念されてきた。その課題の克服のために、遠隔合同授業が期待されている。

一方で、へき地・小規模校の子供は人間的な信頼関係や協働的な関係性が強く、これらは協働的な学び合いの基盤となる。へき地・小規模校教育では、少人数の課題を補うために、異年齢集団活動を多面的に活用し、様々な場面で子供どうしがリーダー的な役割やフォロワー的な役割を付与している。この異年齢集団は、元々の学年・個人の能力差があることを前提にするために、異質協働のリーダーシップ・フォロワーシップと共生社会資質を発揮する機会となる。このような関係は、ICTの活用力や協働学習においても発揮され、画面を通した子供の間でも、相互に受け入れ、トータルな協働活動や助け合いを推進する基盤となる。

また間接指導は、教師が付いていない学年の中で、自律的に学ぶ授業運営を行う方法である。遠隔合同授業では、画面を通して授業を進めるが、一般的に画面を媒介にした指導では、教師が近くにいないために、子供の思考が授業課題に集中しなかったり、他のサイト内容に興味が移ったりする。そのため遠隔システムを活用した遠隔合同授業では、対面していない他の学校の子供の指導は極めて難しい。

一方複式学級での間接指導では、元々間接指導時間中は、教師は直接的な指導をしておらず、教師がいなくても自律的に子供たちが授業運営をしている。複式の間接指導やガイド学習・リーダー学習による自律的な学び合いの習慣が、遠隔合同授業にも重要な役割を果たしている。遠隔システムの中で教師が身近にいないことは、間接指導過程での自律的な学びと同じ境遇になるからである。

このような複式授業での自律的な学びは、本来の教育活動の重要な学習基盤であり、このへき地教育の特性を逆手にとって学習基盤づくりとして活かしていくことが重要である。この学習基盤の構築は、極小規模校の複式学級であるからこそ遠隔合同授業のプラス面を発揮できるが、大規模校・中規模校におい

て、同様に遠隔合同授業のプラス面が発揮できるわけではないことも踏まえておく必要がある。

　さらにへき地校は少人数の学級であるために、すべての子供が発言する全員参加型の授業を展開できる。ペア学習・バズセッション・グループワーク等の段階を経て、全員が議論や作業に参加することができ、この全員の密接な議論を拡大しながら協働学習を展開できる。この全員参加型のへき地教育の特性は、普段から全員参加することに慣れており、遠隔地域の子供どうしでもペア学習から始めることができる。へき地教育の特性を活かせば、遠隔合同授業でも同じ全員参加型授業を展開できる。

　一方、この遠隔合同授業は直接対面ではないので、やはり大人数で行うには限界がある。直接対面式の授業でも大人数であれば、授業内の統率が取りにくくなることや、個々の子供の見取りができにくくなるが、さらに大人数で遠隔システムを介すると、個々の見取りはいっそう難しくなる。すなわち自律的に学ぶ力を有した発達段階や資質能力の高い子供の場合は遠隔システムを介してもできるが、発達段階が発達途上にある子供の場合は、自己コントロール力が高くないために遠隔指導が難しくなる。このため遠隔合同授業は、一般的に極小規模校で導入されているが、極小規模校だからこそ授業運営が円滑にできる。へき地・小規模校での実施上の利点は、多様な議論が展開できる遠隔合同授業のメリットの方が、遠隔で疎遠な関係になるデメリットよりも大きい。

　徳之島町では、へき地・小規模校の間接指導の自律的な授業運営、リーダー学習・ガイド学習のリーダーシップ・フォロワーシップ、個々の子供の活躍の場のある全員参加型の授業、等のへき地教育のメリットを意識的に発展させながら、へき地教育の学習基盤を生かした遠隔合同授業を進めていることが、その発展条件となっていると言える。

4　情報リテラシー・ICT活用型表現方法の育成と遠隔合同授業の発展条件

　ICTの活用は、言語的認識・実体感認識・数量認識など、子供のトータルな認識を発展させるための道具であり、コンピュータの活用スキルは発達促進の手段である。その上で子供たちは、ICT活用能力は高く、短期間でICT機

器の基本的な活用方法を習熟できる。

　徳之島町では、まずすべての教師がICTを活用できるように、あらゆるレベルの活用マニュアルを残すようにしている。簡易化された教員用マニュアルを見れば新任教師が転入する際にも、最低限の実践をある程度始めることができる。どのような場合もそうであるが、新たなICTスキルを必要とする活動では、誰もが使えるスキル・テクニックをマニュアル化し、毎年実践改善した内容を蓄積することで、遠隔合同授業も継続的に発展する。

　また子供もICTを活用していくことで、他校の子供との情報共有やコミュニケーションを広げることができる。そのため徳之島町では、基本的なICT機能とアプリケーションを活用した交流方法を各校で指導すると共に、学校間でも子供がICT・アプリケーションの使い方や成果を情報交換するようにしている。子供からのICTの使い方やスキルの提案もあり、それらをICT活用方法として改善・交流することも行っている。これによって、教師も子供も全員がICT・遠隔教育システムに親しみやすく、遠隔合同授業の指導方法やコンピュータ活用スキルが向上しやすい。

　さらに情報リテラシーの指導については、インターネット検索の内容選択・優先順位化の方法や、公共的な内容と私的な内容の区別、普遍的な事例と例外的な事例、などの氾濫情報の取捨選択の考え方や批判的検討の考え方等を教えている。子供たちは単純にヒット率が高いサイトなどを選ぶのではなく、インターネットの内容を正確にとらえる観点を踏まえることで、探究的な資質・能力を高めることができる。

　遠隔合同授業での学校間の発表方法でも、子供たちに発表方法や意見提案方法を共通に指導している。学校を超えた他者にわかりやすく伝える表現方法、説明の展開の仕方、構造化した提示資料の作成、質疑応答方法など、遠隔地でも相手にわかりやすく伝える説明方法を教えている。このような遠隔地域間の交流方法も重要な情報リテラシーの要素である。

　このように教師が遠隔合同授業に活用するシステム・ソフトの活用方法を継承できる研修や引き継ぎの取り組みを保障すること、子供のICT情報リテラシーと遠隔合同授業の交流方法や自律的なICT活用方法を学ぶことが、遠隔

合同授業の発展条件として重要になる。

5 子供の協働的な学び合いによる多面的思考の促進と遠隔合同授業の発展条件

　徳之島町の遠隔合同授業を推進する教師の重要な目的の1つは、子供どうしの学び合いを促進することである。元々へき地・小規模校では少人数であるために、教師と子供の信頼関係も厚く、個々の子供に最適な学習内容・方法を意識していた。さらに子供の多様な思考を促し、協働的な学び合いを推進するために遠隔合同授業を導入しているが、徳之島町の遠隔合同授業の発問・指示内容は、この協働的な学び合いを意識的に促すものである。この学び合いは、「主体的・対話的で深い学び」の理念の1つでもあるが、市街地校では学級人数の多さもあって、個々の子供に即した授業時間内の学び合いの時間を全員に確保することは容易ではない。

　徳之島町では、個別最適な学びに加えて、協働的な学びを促進することを授業展開の柱に据えて、個々のペア学習を入れ替えながら、異なるペア学習を遠隔で行ったりしている。さらにペア学習で出た内容を遠隔合同授業の子供間で出し合うなどのバズセッション方式で討論・発表し合う。3人いる学級の場合は、リーダー学習・ガイド学習方式で役割を交代しながら、意見を取りまとめるリーダーの役割を意識的に付与している。リーダー的な取りまとめの役割を付与することで、全体を俯瞰しながら、取りまとめる力を向上させることができる。

　これらの協働的な学び合いにより全員が発言し、特定テーマを解決するプロセスや新しいアイデアを出し合うブレーンストーミングを推進している。バズセッション方式は、元々少人数で行う討論方法であるが、へき地校では人数が少ないので個別指導も行いやすい。徳之島町では複数メンバーの討論と協働的な熟考を全体の中で重視する授業を意識的に促進している。

　この遠隔合同授業の中では、ICTを活用して意見交流と話し合いを深めるための記録を蓄積しているが、子供の記録の蓄積を元にしながら、個々の思考に合わせた次の交流ができる発問を施している。学校間の遠隔合同授業でも、

ICT の書き込み共有機能を活用すれば、個々の思考過程を子供どうしでもかなり把握できる。この思考過程の共有化の中で、1人思考→ペア学習→討論→グループ学習→発表→振り返りの授業展開を明確化することで、協働的な学び合いを発展させることができる。

　このような学び合いを重視した指導の結果としての子供からの評価は、①視野が拡大したこと、②競い合いが励みになったこと、③深く学べて学習意欲が高まったこと、④他校の子供の様子を真似ることができたこと、⑤意見を交流することで学習が楽しくなったこと、等の効果が挙げられていた。これらは協働学習効果、他者の模倣学習効果、集団思考効果、などの学び合いの集団凝集効果が子供にも実感されており、結果として学習到達度評価結果も大幅に改善されている。このように徳之島町の遠隔合同授業は、子供の学び合いを促進する発問・指導を意識的に採用することで、子供の多面的な思考や意欲が向上している。この子供の成長を教師が確信することで、さらに教師の達成感とモチベーションを高めている。このことが、遠隔合同授業の発展条件となっている。

6　教師の学び合いを通じた研修機能による教師力の向上と遠隔合同授業の発展条件

　教師の達成感や自己肯定感は、子供の成長でもたらされるが、それを施す教師自身の成長によってももたらされ、その結果モチベーションも向上する。日常的な実践は毎日の試行錯誤の連続であるが、その試行錯誤の中でも、実践の改善点や根拠を他の教師の模倣や意見交換の中で少しずつとらえることができれば、自分の気づかない改善課題も見えやすく、少しずつ実践力を会得していく。このことが総合的な教師力の向上に繋がる。

　徳之島町の遠隔合同授業は、元々は不慣れな複式授業の克服の意図を持って導入されたが、遠隔合同授業は、結果的に教師相互の全般的な授業の公開となり、見せ合う授業にアドバイスを頂いたり、良い点を模倣することによって、教師間の学び合いの場となっていった。この極小規模校では、学び合いが校内での学び合いだけに留まっていれば、緊張感を持続することは難しく、やがて馴れ合いになってしまう可能性もある。

一方徳之島町の極小規模校間では、学校間で交流する遠隔合同授業を定期的に繰り返すために、新たな刺激を相互に与え合うことにもなっている。そしてその学校間の刺激を与え合う関係を制度的に確立するために、合同研修会の事務局は学校持ち回りで担い、学校間協働組織として交流や研修を継続的に働きかけることにしている。持ち回りでたまたま担当事務局になったへき地校も、各教師の課題や思いを把握しながら、合同研修会の課題を立てていく。このように、各教師の個々の課題を把握し相対化することで、個々の教師にあった問題提起をすることができる。

　このように交流と研修による学び合いが組織として確立され継続される中で、教師の意識は、遠隔合同授業を通じた様々な教育実践方法の学び合いが自分の成長に繋がることを実感し、それが遠隔合同授業のメリットとして受けとめられている。この教師の自己成長感と成長へのモチベーションが遠隔合同授業を継続する発展条件ともなっている。すなわち遠隔合同授業を新たに取り入れる不安感・負担感よりも、取り入れることによる教師の自己成長感や教育効果の達成感が優ることで、遠隔合同授業を実施する意識を継続させている。

　さらに自己成長感は、「もっと知りたい」「もっと高め合いたい」という研修意識にも連動しており、学校間の「合同研修会」や遠隔合同授業内容を含めた校内研修会の定例化の必要性の意識をさらに高めている。すなわち遠隔合同授業は、学び合いを通じて、個々の教師力の向上と、自己成長感の相乗的な効果による研修意識の向上に繋がっている。徳之島町では、新たに取り組み始めた遠隔合同授業であるために、教師間で試行錯誤した実践を見せ合い、自由に意見を言い合う雰囲気を作ってきたことが、教師の学び合いによる遠隔合同授業のスタイルを創ってきた。このように教師の学び合いを通じた自己成長感は、個々の教師力と研修意識の高い教師力を維持し、このことが学校力と遠隔合同授業の発展条件になっていると言える。

7　子供の学び合い・教師の学び合いが結節するチーム学校力の発展条件

　すでに述べたように遠隔合同授業は、子供の学び合いを通じて、子供の社会関係力や多面的な認識力を高め、トータルな子供の発達を促してきた。また同

様に、遠隔合同授業は、教師の学び合いを通じて、多様な教育実践方法の活用力を高める教師力を高め、さらに学び続ける研修意識を高めている。

　このような子供の成長と教師の成長は、さらに子供と教師の相乗的な学習意欲と信頼関係を高め、学校全体の教育力である"学校力"を高めていると言える。"学校力"はすでに述べたように、単に個々の教師の活動の総量ではなく、子供どうし・教師どうし・子供と教師の間で、協働的な関係の中で相乗的に生み出される集団凝集性の教育効果を有するものである。とりわけ新しいアイデア・企画を必要とする教育活動では、構成員の信頼関係に基づく自由な取り組みと創造的な提案が求められ、それぞれの提案が補い合ったり、刺激をしあったりする必要がある。へき地・小規模校では強い信頼関係を元にしながら、同時に馴れ合いにもならないように、新しい刺激を相互に補完しながら、学び合いを展開することができる。

　このように新しい活動では、相互の学びとアイデアを刺激しあうことが子供の成長や教師力の向上にとって不可欠となる。遠隔合同授業はまさに新しいアイデア・企画の総集活動であり、様々な人が創造的な発想を出し合う中で取り組まなければならない教育活動であった。逆にこの遠隔合同授業を通じて、子供に加えて教師も成長し、教師力を高める契機となったことが、教師の自己効力感を高め、遠隔合同授業を継続する条件となっている。

　元々へき地・小規模校では、子供どうしの協働性も教師どうしの協働性も高く、チーム学校の実践を行いやすい。チーム学校の雰囲気に加えて、遠隔合同授業は、新たな補完と刺激の学び合いをもたらし、学校力を高めることになり、チーム力と学校力を高める"チーム学校力"の向上に繋がっている。

　このように徳之島町の遠隔合同授業は、学び合いを通じた"チーム学校力"の向上が、遠隔合同授業の発展条件となっており、また遠隔合同授業が"チーム学校力"の発展条件となっていると言える。遠隔合同授業の持続的な発展条件は、その実践過程において、子供の成長と教師力の成長を含めた"学校力"の向上とそのためのチーム性・協働性をどのように組み込んでいくかが、遠隔合同授業の構築・発展にとって不可欠の要素であると言えよう。

おわりに
－へき地・小規模校の遠隔合同授業のさらなる発展を期待して－

北海道教育大学へき地・小規模校教育研究センター
副センター長　川前 あゆみ

　本書は、北海道教育大学が採択した文部科学省「学校規模縮小化に対応した教員養成と教員研修を推進する教育拠点整備事業」の一環として、へき地・小規模校の少人数を活かした新しい指導の在り方をとらえることを目的としたものである。その実践研究の１つとして本書では、へき地・小規模校の遠隔合同授業の発展条件と可能性をとらえてきた。

　遠隔双方向システムを活用した教育活動は、単発的な発表会やゲストティーチャーによる一方向の講義等が多くの学校でも行われている。しかし日常の学校間の授業は必ずしも容易ではなく、遠隔合同授業を試行的に取り入れた全国の自治体・学校の中でも継続的に実践している学校は少ない。このような中で、鹿児島県徳之島町では、2015年以降継続的に遠隔合同授業を実践しており、全国の先駆的な役割を果たしている。本書では、この先駆的な徳之島町の遠隔合同授業の発展条件をとらえるために、教育委員会の牽引的役割、へき地教育指導方法の開発、遠隔システム活用方法の開発、遠隔合同授業方法の開発、教職員協働研修開発等の総合的な観点から明らかにしたものである。

　今後も進みゆく全国的な学校小規模校化に伴う小規模校教育の充実化は、教育界にとって重要な課題にもなっている。徳之島町の遠隔合同授業は、極小規模校の児童の成長に加えて教職員にとっても教師力が向上し、そしてトータルな学校力の向上に繋がっていた。本書では、徳之島町内の合同研修会や授業実践交流を通して学び合いを深め、学校力を高めていることを明らかにした。

　徳之島町の遠隔合同授業は、単に遠隔システムを活用した一方向の授業配信形態ではなく、子供どうしの学び合いや教師どうしの学び合いを通じて、総合

的な学校力を向上させる取り組みとなっていた。これまで、へき地・離島の極小規模校では限られた交流活動の場面が主であったが、特に極小規模校の遠隔合同授業は、子供たちの多様な意見を日常的に交流し多角的視野を広げる学び合いの創造の場になっていた。さらに教師どうしも自分の授業と他校の教師の授業をリアルタイムに共有しながら、様々な指導方法を共有し日々授業改善していく実質的な研修活動となっていた。一般的に教師は、自分の授業を他者に見られ評論されることに対して抵抗感を伴うものである。しかし、目を転ずれば、遠隔合同授業を通じてトータルな指導力を発揮する教師力を高めて子供の成長に活かすことは、教育専門家としての教師自身の達成感や自己成長感にもなる。徳之島町の教師達は、子供の成長と教師力の向上をバネにしながら、省察的実践家として遠隔合同授業を発展的に開発していた。

　徳之島町の遠隔合同授業から学ぶことは、へき地・小規模校の中で、遠隔合同授業の協働性と多面的視野の拡大の目標を見定め、学校間の共有の条件づくりを設定すれば、多くの極小規模校でも実践できる内容になるということであろう。徳之島町における遠隔合同授業の取り組みの発展条件をトータルにとらえることで、全国のへき地・小規模校においても普遍的に展開していく教訓を抽出した。離島・徳之島町の実践は、様々な学び合いと学校力を高め、今後のへき地・離島教育の実践の枠組みと展望を広げている。

　今回の徳之島町への調査は数回にわたり直接訪問させて頂き、聞き取り調査・アンケート調査、及び遠隔合同授業観察を実施しながら、教訓を抽出してきた。この調査に際しては、徳之島町教育委員会福宏人教育長をはじめとした職員の皆様には、我々の研究の趣旨にご賛同頂き、ヒアリング調査や町内各学校との調整等に全面的なご配慮を頂いた。

　また遠隔合同授業観察の際には、児童・教師等の各学校関係者への面談も設定して頂き、より綿密な授業観察や現地調査を重ねることができた。徳之島町立母間小学校、花徳小学校、山小学校、手々小中学校、尾母小中学校の教職員の皆様には、快く授業を参観させて頂き、ご多用の中でもご協力頂いたことに

改めて感謝申し上げたい。さらに福宏人教育長には、本学が主催するへき地教育推進フォーラムにもパネリストとしてご登壇頂き、近未来のへき地・離島教育の開発・普及に向けて多大な示唆を与えてくださった。そして、徳之島町の高岡秀規町長には2021年に徳之島町が世界自然遺産に認定されたことを受けて、未来を担う子供たちへのより充実した教育活動を創るため、これからも町を挙げて環境整備を推進していく思いを聴かせて頂いた。このように、遠隔合同授業実践の検証は、教育現場と大学研究者の連携した実践研究の中で、徳之島町への数回の貴重な訪問機会を頂き、関係者の温もりあるご配慮によって明らかにできたものである。

北海道教育大学へき地・小規模校教育研究センターは、1949年に設立以来70数年の歴史があるが、北海道教育大学の関係者にも、へき地・小規模校教育研究センターの拡充再編以来一貫して教育研究活動にご支援を頂いている。蛇穴治夫学長には本学の特色ある取り組みとして、へき地・小規模校教育研究を推進して頂いている。本書に係るプロジェクト研究を推進できたのも、ひとえに蛇穴治夫学長を筆頭に大学事務局による運営体制の整備とご支援を頂き、文部科学省「学校規模縮小化に対応した教育拠点整備に関する基盤整備事業」を推進して頂いたおかげである。

日本最北の北海道と九州最南に位置する鹿児島県の研究交流の成果として、本書が改めてへき地・離島教育の魅力を高め、これからの教育に新しい示唆を与えるものになることを期待したい。そして、日本各地で日々奮闘する特に極小規模校の教育活動全般がより充実していくことを切に期待したい。人口減少社会の中で新たなへき地・小規模校教育の発展を祈念することで、関係の皆様への刊行までのお礼の言葉とさせていただきたい。

最後に、本書の趣旨をご理解いただき、刊行までご尽力いただいた教育出版の伊東千尋社長をはじめ編集担当の皆様にも記してお礼申し上げたい。

令和3・4年度　徳之島町5校「研究同人」名簿一覧表（＊は令和3年度在籍）

◯徳之島町立手々小学校
　　　校長　阿部　由美
　　　教頭　東郷　伸吾
　　　教諭　桃山　桜吏　3・4年　担任
　　　　　　大寺　宏司　5・6年　担任
　　　養護教諭（兼務　本務校　花徳小）
　　　＊校長　竹野　博文
　　　＊講師　川村　梢

◯徳之島町立山小学校
　　　校長　遠矢　美緒
　　　教頭　宇都　孝幸
　　　教諭　都外川　大輝　1・2年　担任
　　　　　　富田　美香　3・4年　担任
　　　　　　尾島　圭祐　5年　担任
　　　養護教諭　小川　優子
　　　＊教頭　久田　武明
　　　＊教諭　武田　雅幸

◯徳之島町立花徳小学校
　　　校長　佐々木　恵美
　　　教頭　中崎　裕樹
　　　教諭　神田　美香　1年　担任
　　　　　　橋口　愛子　2年　担任
　　　　　　元山　剛志　3・4年　担任
　　　　　　下野　桂一　5・6年　担任
　　　　　　曽田　紀代　特別支援学級担任
　　　　　　四之宮　真帆　英語加配（母間小・山小兼務）
　　　養護助教諭　佐藤　萌　手々小兼務
　　　＊校長　石川　雅実
　　　＊教諭　若宮　直子
　　　＊講師　藤田　織菜

◯徳之島町立母間小学校
　　　校長　青﨑　幸一
　　　教頭　山下　一洋
　　　教諭　瀬川　みどり　1年　担任
　　　　　　若松　俊彦　2年　担任
　　　　　　下津　慶一　3・4年　担任
　　　　　　小中原　絵梨奈　5・6年　担任
　　　　　　吉田　文子　特別支援学級担任
　　　養護教諭　阿世知　美紀
　　　＊教諭　新宅　まき
　　　＊教諭　岩下　周平
　　　＊養護助教諭　阿世知　美紀

◯徳之島町立尾母小学校
　　　校長　伊地知　勇
　　　教頭　山下　孝一
　　　教諭　武元　真美　2・3年　担任
　　　　　　吹留　恭平　5・6年　担任
　　　養護助教諭　行騰　里菜
　　　＊講師　永吉　るり
　　　＊養護助教諭　久留　紘子

各学校の校長・教頭・教諭及び養護教諭
※養護教諭は本町において、当初からICT教育（遠隔授業）に関して児童の「健康面」「学習環境面」
　「心身への負担」などの調査研究、実証に取り組みました。

編者・著者紹介（＊は編者）

＊**福　宏人**　鹿児島県徳之島町教育委員会教育長。徳之島町出身で、鹿児島県内公立学校教員・社会教育主事・教頭・校長を経て徳之島町に戻り、現職。

＊**前田賢次**　北海道教育大学札幌校准教授。専門は教育方法学・授業論。鹿児島県内公立学校教員を経て、現職。

＊**川前あゆみ**　北海道教育大学釧路校教授。教育学博士。専門はへき地・小規模校教育論。へき地・小規模校教育研究センター副センター長。

＊**玉井康之**　北海道教育大学副学長。教育学博士。専門は、教師教育論・教育経営学・地域教育社会学。へき地・小規模校教育研究センターセンター長。

佐藤正範　北海道教育大学未来の学び協創研究センター講師。専門は教育工学。札幌市内公立学校教員・東京学芸大学附属学校を経て、現職。

小林佳之　北海道教育大学教育研究支援部連携推進課副課長。北海道留萌管内出身。北海道教育大学事務局採用後、社会教育施設等を経て現職。

安田洋幸　鹿児島県内公立中学校教員。鹿児島県沖永良部島出身。大学院修了後、鹿児島県公立中学校に採用。

コラム執筆者

阿部由美	手々小学校校長	大寺宏司	手々小学校教諭
遠矢美緒	山小学校校長	佐々木恵美	花徳小学校校長
青﨑幸一	母間小学校校長	伊地知勇	尾母小学校校長
吹留恭平	尾母小学校教諭		

学校力が向上する遠隔合同授業
―徳之島町から学ぶへき地・離島教育の魅力―

2023（令和5）年3月1日　第1刷発行

監　修　北海道教育大学へき地・小規模校教育研究センター
編　者　福　　宏人
　　　　前田　賢次
　　　　川前　あゆみ
　　　　玉井　康之
発行者　伊東　千尋
発行所　教育出版株式会社

〒135-0063　東京都江東区有明 3-4-10　TFT ビル西館
電話　03-5579-6725　振替　00190-1-107340

© HOKKAIDO UNIVERSITY OF EDUCATION　印刷　モリモト印刷
Printed in Japan　　　　　　　　　　　　　製本　上島製本
落丁・乱丁本はお取替いたします

ISBN978-4-316-80511-5　C3037